I0786233

LA REBELIÓN DEL HIJO DEL HOMBRE

Guillermo Serrano de Entrambasaguas

LA REBELIÓN DEL
HIJO DEL HOMBRE

**Cuando el Hombre enseñe
a pensar a la máquina.......**

Nota del autor

Terminé de escribir este libro en el año 1983 y lo inscribí en el Registro de la Propiedad Industrial el 1 de marzo de 1983 con el número de inscripción 126645. El texto original está desde entonces catalogado en la Biblioteca Nacional.

En 1983 contraté su publicación con una editorial, pero hubo de suspenderse la publicación porque quebró la editorial. Poco después, el mismo año 1983 me trasladé a vivir a Londres donde permanecí cinco años, por lo que no pude ocuparme del libro, que quedó en el olvido. Ahora he decidido publicarlo en su versión original porque aunque el libro sea de otra época, el tema de fondo que plantea sigue estando de actualidad y no está desautorizado por el paso del tiempo.

Hace treinta y cinco años no existía internet, ni los teléfonos móviles, ni las redes sociales, y los ordenadores de mesa tenían poca capacidad y no estaban al alcance de todos. Entonces casi nadie pensaba en los robots y mucho menos en que la inteligencia artificial podría superar a la inteligencia humana y llegar a ser una amenaza a controlar.

El libro plantea el desarrollo de la estructura de los sistemas sociales con treinta y cinco años de anticipación, y vislumbra la nueva aportación de los medios electrónicos en la comunicación social como una especie de anticipo de lo que hoy son las redes sociales.

Por esto he decidido publicarlo ahora como una primera referencia, vista desde el pasado, de cómo puede desarrollarse el futuro de la humanidad, ahora que está acelerándose el desarrollo tecnológico y los nuevos computadores cuánticos próximos a aparecer multiplicarán por miles de millones la capacidad de cálculo.

Índice

0.- Introducción

La línea de evolución del Hombre en la Tierra es una huella muy reciente en el Universo. Su dimensión es insignificante en el contexto general, y las consecuencias de la presencia del Hombre parecen estar de momento reducidas al ámbito local de nuestro planeta.

La vida no es patrimonio del Hombre y de su entorno, sino que probablemente fertiliza todo el Universo, pero sin embargo la especie humana se encuentra aislada y contempla los espacios siderales como un infinito abrumante al que difícilmente podrá ni tan siquiera aproximarse. Los valores espirituales, las ideas, la imaginación, el deseo, e incluso la Ciencia, quieren penetrar en los terrenos desconocidos, pero las limitaciones físicas y las lagunas de conocimiento convierten los caminos de acceso en vías difícilmente practicables.

La situación de encrucijada en la que se encuentra el Hombre, arranca del momento en que decide servirse del "árbol de la ciencia" y toma conciencia de su realidad física y de su condición de "ser vivo" dotado de proyecto (como expresa Monod), capaz de perseguir objetivos y de influir en el entorno. Desde entonces el hombre inicia la aventura del conocimiento y necesita justificar su razón de ser en el mundo, pero no encuentra explicaciones satisfactorias que den estabilidad a sus planteamientos. Necesita siempre intentar explicar lo inexplicable, porque esta actitud es en definitiva una síntesis de la contradicción en la que se encuentra sumergido de ser una criatura biológica que sin embargo tiene el instinto de luchar contra natura.

La lucha contra la Naturaleza es una constante en el desarrollo de la especie humana que parece que esta troquelada a nivel genético. La situación de conflicto es por otra parte una frontera o punto de decisión permanente entre una actitud regresiva de repliegue al orden biológico o una disposición agresiva de progresión. La moderna Psiquiatría parece identificar esta disyuntiva en la casuística del comportamiento individual de las personas sometidas a situaciones de estrés.

Lo cierto es que el Hombre cambia el curso de los ríos, tala los bosques, poluciona las atmosferas, arrasa los campos para construir ciudades y autopistas, interviene en el orden genético seleccionando razas, desafía a las leyes naturales y construye maquinas para volar, e incluso, inicia el asalto al espacio exterior. Los productos que el Hombre crea son artificiales, aunque, en una u otra forma, esta identificado con todos ellos, como si Dios, al crear al hombre a su imagen y semejanza, le hubiera transmitido también esa propia capacidad.

El avión tiene sus precedentes naturales, lo mismo que la cámara de fotos o las estructuras de comunicación viaria y canalizaciones de tuberías que el Hombre dispone….etc., pero no obstante, este proceso de artificialización incluye valores añadidos. El Hombre puede crear nuevos elementos artificiales que no identificamos en el orden natural, como puede ser el caso de la rueda como mecanismo, pero le es difícil comprender si estos valores añadidos fortalecen y potencian su línea de progresión o por el contrario, trabajan para su destrucción. No lo sabe porque esta dentro del problema y no dispone de la perspectiva necesaria.

Sería un acto de orgullo o quizás de provincianismo temporal decir que en la actual situación por la que atraviesa la especie humana es especialmente critica, porque estas consideraciones se han formulado muchas veces a lo largo de la historia. Sin embargo hay que convenir que la etapa que vivimos es extraordinariamente difícil, porque han surgido toda una serie de factores, que suponen de hecho un considerable aumento de la capacidad del hombre de influir en su evolución y en la del medio que habita. Las consecuciones tecnológicas, la revolución industrial, el mundo de las comunicaciones, la revisión de las ideologías y los movimientos universales, han puesto en movimiento un volumen de actividad que es de difícil manejo y muchas veces es incontrolable. Las estructuras sociales y políticas, comienzan a ser extraordinariamente complejas y las líneas de influencia del conjunto no son muchas veces identificables.

En los últimos tiempos se ha tenido que abandonar la actitud tradicional de aislar los fenómenos para comprenderlos mejor, porque el conocimiento que se adquiere de su comportamiento resulta estéril si se prescinde de las condiciones reales del contexto donde tienen lugar. Hoy en día se considera mas importante analizar las propiedades de relación que un determinado organismo tiene con otros elementos de su ambiente, que inventariar sus características internas; de aquí que la Teoría General de Sistemas se este configurando como una nueva Epistemología.

La aplicación de las leyes de la dinámica de Sistemas a los problemas sociales y económicos, esta comenzando a ensanchar la conciencia del Hombre, porque permite contemplar la actividad humana desde planos de pensamiento superiores, Con un mayor horizonte de conocimiento. Los informes al Club de Roma, por ejemplo, han tenido ciertamente un impacto social importante y se ha incorporado a la conciencia de las gentes que el crecimiento de la humanidad tiene sus límites o que las condiciones del medio ambiente hay que vigilarlas y preservarlas. Esta actitud de analizar las situaciones de forma global, junto con el extraordinario desarrollo de las Comunicaciones, y con el ingrediente político siempre presente en la actividad humana, permiten al Hombre superar sus actitudes individuales y manifestarse cada vez más en forma colectiva.

El pensamiento colectivo esta evolucionando considerablemente. Las ideologías y religiones, están siendo profundamente revisadas y determinados aspectos de la condición humana, como la eutanasia, el aborto o el erotismo como actividad humana separada de los valores espirituales del amor, son ahora contemplados como realidades humanas sobre las que hay que tomar postura social. Los tabús y los mitos, están siendo derribados y surgen nuevas disciplinas, como la Sociología o la Bioética, que el Hombre ha de utilizar en el futuro para mantener felizmente ese precario equilibrio que le permite seguir desarrollándose.

Por otra parte, el mejor planteamiento de los problemas, conduce a la apertura de líneas de problema de orden superior, lo que no constituye sino una muestra más de nuestra posición de encrucijada. Las consecuciones sociales están consiguiendo situarnos en una línea socialista claramente progresiva, que sirve al objetivo de un reparto mas equitativo de los bienes materiales. Aceptada ya de forma universal la tendencia de acabar con el colonialismo territorial, se trabaja para nivelar los potenciales de colonialismo económico y aunque las guerras físicas por desgracia persisten, es en el campo económico donde se están librando hoy en día las batallas mas cruentas. La línea de socialismo, se presenta en este frente con un paso decidido que esta soportado en las firmes bases de la evolución y el orden universal.

Sin embargo, la evolución continua y la búsqueda de posiciones de equilibrio no son sino intentos de localizar bases en las que apoyarse para proseguir la escalada. Ya se empiezan a perfilar claramente las nuevas formas de colonialismo del futuro que se producirá en el terreno intelectual. La actividad humana requiere la especialización y el concepto de "numerus clausus" siempre existirá porque esta escrito en nuestros ácidos nucleicos. La "producción" de minorías intelectuales no parece de momento poderse compensar por vía filogenética, porque las clases intelectuales cada vez se relacionan más entre ellas y los ambientes en que viven no están suficientemente entremezclados en todo el espectro social, y así las oportunidades de relación genética no son suficientes.

En el próximo futuro comenzará a hacerse patente que el capitalismo económico es el hermano menor del capitalismo intelectual y algún país que propugna la sociedad sin clases en su mensaje político tendrá que explicar al proletariado que a la vez que luchaba contra el capitalismo ha estado jugando a capitalizar la Inteligencia que es moneda con la que no se puede hacer trueque.

Cuando la sociedad humana traspase el umbral de las libertades, de la justicia social y de la distribución de la riqueza, y la búsqueda de estos valores no sea ya negada por ningún planteamiento ideológico relevante, el contexto humano se planteará como objetivo buscar un mayor equilibrio de los niveles intelectuales de los individuos y de los

14

grupos sociales. Los pensamientos colectivos estarán entonces mucho más desarrollados y el genero humano estará entonces en la vía de constituir una unidad como Sistema, utilizando criterios colectivos universalmente formalizados y aceptados, con unidad en el orden político y con estabilidad en el orden social. Igual que un conjunto de células componen el hombre, llegará el día que el conjunto de hombres conformen una unidad existencial de orden superior, y los signos que hoy ya se advierten de subconscientes colectivos y conciencias exteriores colectivas, tomaran identidad como órganos de dirección.

Sin embargo, la evolución no se detiene. Simplemente se habrá llegado a alcanzar un punto de equilibrio sobre el que acceder a objetivos superiores. El proceso paralelo de artificialización que el Hombre esta alimentando, llegará a límites hoy insospechados. El Hombre no podrá seguir llevando sobre sus hombros la pesada tarea de seguir progresando y hacer a su vez progresar a los instrumentos artificiales que utiliza. Entonces tendrá que optar por soportar una mayor dependencia y dotará a las maquinas de inteligencia artificial para que "cultiven y guarden su paraíso". Paralelamente, las estructuras biológicas comenzaran a ser manejadas por el Hombre y llegará el momento en que el Hijo del Hombre aparezca sobre la Tierra.

El Hijo del Hombre cobrará conciencia exterior, se rebelará contra su creador y se habrá alcanzado el momento histórico del relevo. La cadena dispondrá de un nuevo eslabón y la antorcha de la evolución seguirá avanzando hacia su pebetero.

1.- El Hombre en la cadena de la evolución

Desde que surgió la vida en la Tierra hasta que se consolidó toda la pluralidad de especies animales, han tenido que transcurrir dilatados periodos de tiempo que quedan ya en la profundidad de nuestra historia. Así llegaron a habitar la tierra diversas especies de aves, reptiles, mamíferos, peces, insectos, ... etc., que son producto de la Evolución y de la acción selectiva del hábitat donde se desarrollan.

Las especies animales han ido evolucionando, unas han desaparecido, otras han proliferado y se han diversificado. Han tenido lugar en las especies importantes adquisiciones filogenéticas pero sin embargo los animales tienen unos esquemas de actividad limitados de los que no parece puedan alejarse, al menos con ritmos de cambio que nosotros podamos identificar. La potencia de los seres vivos del reino animal, la analizamos y conocemos por comparación con nuestras propias habilidades y nuestra propia capacidad, y hay evidencia de que la especie humana tiene unos ciertos valores añadidos en sus esquemas de actividad cuyo significado hay que interpretar para poder situar la aparición del Hombre sobre la Tierra dentro de la evolución.

Los animales han llegado a adquirir con el transcurso del tiempo unas características extraordinarias que ejercen tanto a nivel individual como a nivel especie, para lograr la estabilidad en la lucha por la supervivencia. El instinto y demás potencias del Subconsciente, llegan a niveles de eficacia importantes, hasta el punto de que no acertamos a comprender los mecanismos que se ponen en juego en su ejercicio. El sentido de la orientación de un perro buscando a su amo, de lo que en la practica tenemos amplias referencias, cuesta trabajo justificarlo por el sentido del olfato, lo mismo que los movimientos migratorios de las aves. La precisión con que la tortuga marina acude matemáticamente a desovar a un lugar fijo y determinado, es un fenómeno que no acaba de estar explicado.

Los animales tienen comportamientos análogos también a nivel colectivo. La continuidad de la especie cambia de ritmo en función de las circunstancias ambientales, modificando los animales sus hábitos de reproducción como si fueran conscientes de lo que más conviene a la progresión del colectivo. Los animales en cautividad tienen también hábitos muy diferentes que cuando están en libertad.

En un estanque habitado por peces en el que el espacio y la alimentación están limitados, los peces ajustan su actividad reproductiva disminuyendo la tasa demográfica, llegando incluso a eliminarla si intuyen que no van a sobrevivir como grupo. El instinto de conservación ocupa un lugar prioritario en la escala de valores, lo que impulsa a los individuos y a las especies a movilizarse dentro de sus limitaciones para favorecer su evolución.

Los animales tienen características de comportamiento análogas a las de los seres humanos. Los animales sienten, conocen, retienen imágenes, tienen memoria y aprenden. Incluso otras manifestaciones más sublimes como la emoción, el arte, la fantasía, la fe o el amor.

El aprendizaje en los animales, parece que opera por inspiración instintiva o por asociación casual de hechos, y desde luego por amaestramiento. Sin embargo, la capacidad autodidactica de razonamiento e instrucción intelectual para ampliar conocimientos, parece ser una exclusiva de la especie humana al menos cuando hablamos de ritmos de progreso contrastables.

En los animales se observan incluso manifestaciones inteligentes, si bien parece que las imágenes que manejan no pueden desvincularlas de los sucesos a los que corresponden ni de sus coordenadas de espacio y de tiempo, lo que supone que la inteligencia animal no es abstractiva, y no permite elevar la enseñanza de la experiencia al nivel de los conceptos.

La aparición del Hombre sobre la Tierra, viene a ser la aparición del fenómeno de la Conciencia Exterior lo que supone una modificación en los esquemas de acción del individuo, permitiéndole enjuiciar y contrastar su propio comportamiento y rectificar en consecuencia sus actividades para atender a objetivos propios en añadidura a los que tiene por instinto. El Hombre así es capaz de replantearse constantemente su escala de valores y contemplar su existencia con una perspectiva mayor de la que le ofrece su entorno. Parece como si al Hombre le estuviera permitido reconsiderar ciertos procedimientos que tiene acuñados fisiológicamente, lo que viene a ser una capacidad de la especie para "desnaturalizarse".

La Conciencia Exterior es un instrumento para la abstracción y esta función es propia del Hombre y no la poseen los animales. Sirviéndose de esta potencia, el Hombre capitaliza constantemente su experiencia, ampliando sus cotas de conocimiento a través de un proceso de abstracción por el que sintetiza nuevos conceptos. Se producen así elementos "artificiales", desvinculados del engranaje natural del "escenario" que vivimos, que permiten al Hombre disponer de un patrimonio que no es compartido con otras especies, y que por lo tanto es un canal hacia el dominio del entorno.

Así surgió el lenguaje simbólico como una formulación convencional y artificial que permite institucionalizar un procedimiento de comunicación entre los individuos, que no depende ya en exclusiva de las potencias irracionales ni de los sentidos. El lenguaje como alternativa de sustitución a la comunicación sensorial o extrasensorial, ha hecho posible que el acerbo cultural de la especie humana sea capitalizable, al poder ser administrado con independencia de las personas.

El lenguaje y su expresión grafica, hace posible que unas generaciones de hombres leguen a otras sus conocimientos, sin depender para ello de la comunicación de información de padres a hijos, porque no está claro que exista un procedimiento a nivel biológico que permita transmitir conocimiento por el vehículo de la herencia genética. La memoria genética, está de momento descartada por la Ciencia y la transmisión de los caracteres adquiridos por herencia biológica, ya quedó desechada cuando Darwin planteó su esquema de la Evolución posteriormente demostrado. El Lamarkismo que postulaba la posibilidad de que los descendientes incorporaran lo adquirido por los padres en vida antes de concebir la prole, quedó atrás desestimado por la Ciencia y con ello todas las sugerencias que podrían formularse especulativamente.

Aunque por otra parte los científicos sigan contemplando la posibilidad de existencia de la memoria genética, y se esté en la línea de identificación de como se materializa fisiológicamente el conocimiento y los criterios, lo cierto es que el lenguaje simbólico ha sido para el
18

Hombre una vía de abstracción que permite canalizar por vía social lo que en estos momentos no tenemos claro que pueda transmitirse por conductos biológicos.

Tenemos por lo tanto al Hombre en contraste con las especies animales, disponiendo en común de las potencias irracionales como fórmula de acción acuñada en origen, y manejando en exclusiva la Razón como potencia de su Conciencia Exterior. Lo que no está claro es en que medida estas dos fuentes son sustitutivas o complementarias. El Hombre como criatura fisiológica, quizás esté retrocediendo, perdiendo gradualmente características de defensa natural ante el medio, que obviamente son compensadas por los instrumentos de dominio artificiales que va disponiendo. El medio ambiente es cada vez menos factor de selección para la especie humana, y parece que la evolución genética se produce en el Hombre con criterios mas sofisticados que los de la Eugenesia Natural.

Las potencias irracionales del Hombre parece que van degradándose, y cada vez más los esquemas de acción están presididos en mayor grado por la Razón bajo el control de la Conciencia Exterior. Incluso a nivel de procedimiento, el Hombre va perdiendo instintos animales tales como el sentido de la orientación, la capacidad de comunicación extrasensorial, y toda esa serie de habilidades no fácilmente explicables que en expresión vulgar denominamos como sexto sentido. La brújula, el teléfono, el telémetro, el reloj,… etc., contribuyen a que estemos menos entregados a ejercitar nuestro sentido de la orientación, del tiempo, de la distancia, ... etc.

Podríamos aventurar que el sentido de las proporciones en el manejo de las cuatro reglas de la aritmética, celosamente adquirido en nuestras infancias a partir de las tablas de multiplicar, se irá perdiendo gradualmente en las nuevas generaciones que manejan ya maquinas electrónicas de bolsillo.

Se produce una degradación en nuestra capacidad analítica para manejar datos, pero elevamos de rango nuestra actividad, porque paralelamente incorporarnos criterios analógicos. Así, nuestro sentido de la medida se irá perfeccionando porque seremos más capaces de razonar sobre el significado de las valoraciones, dejando a nuestros instrumentos artificiales la tarea de efectuarlas. Ello no obstante, entraña un importante riesgo de dependencia cada vez mayor del Hombre respecto de sus instrumentos, pero de momento tiene dominio sobre ellos y son su patrimonio exclusivo. La lucha entre el Hombre y la Máquina, es en estos momentos una ficción que constantemente se desestima, pero quizás con una ligereza injustificada, como si tratáramos de construir una línea Maginot para defendernos de nuestras propias creaciones.

El Hombre está creando constantemente nuevos procedimientos artificiales para liberarse de la rutina y elevar el rango de su actividad, pero tiene el problema de tener que confiar en los propios procedimientos que crea, lo cual es una importante servidumbre. Recuerdo una experiencia personal en el verano de 1970, en un Curso en el M. I. T. (*Massachusetts Institute of Technology*) de Boston, donde se trabajaba el tema de un procedimiento universal para la resolución de problemas por medio de computador. Se trataba de un sistema que aceptaba como dato de entrada un planteamiento de problema de cálculo elemental aritmético o algebraico, explicitado su enunciado en lenguaje natural. El sistema disponía de criterios sintácticos para asimilar el enunciado, criterios semánticos para comprenderlo y criterios técnicos para la resolución del cálculo, lo que evidentemente es un procedimiento realmente útil cuyo uso podría generalizarse. El sistema resolvía con precisión problemas de móviles, proyecciones, ... etc., pero falló radicalmente en un cálculo sobre una lancha que se aproximaba a un muelle por la tracción del cabo de amarre que previamente había lanzado. EI error se identificó como procedente del hecho de que el sistema desconocía el Principio de Arquímedes y consideraba que la lancha se desplazaba en la dirección de tracción del amarre, que para el Sistema era la única fuerza solicitante.

Este tipo de error, pertenece a la tipología de errores con los que el

Hombre se tiene que enfrentar constantemente hacia el futuro. Cuando el Hombre resuelve con sus propias potencias, está perfeccionando sus procedimientos e incorporando a su conocimiento las nuevas situaciones con las que se va encontrando, es decir, está constantemente afinando su puntería. Sin embargo, los procedimientos sustitutivos que el Hombre dispone para liberarse de las actividades programables, son mecanismos que no tienen la capacidad de progresar por sí mismos, sino que requieren de la intervención del Hombre para hacerlos progresar. El Hombre se libera del trabajo que realizan sus instrumentos pero tiene a su cargo la pesada tarea de perfeccionar dichos instrumentos para que vayan progresando en la misma medida en la que la propia especie humana progresa y si no es capaz de ejercer esta tarea fracasa atraparlo por sus propias armas.

La adquisición de Conciencia Exterior ha permitido a su vez al Hombre iniciar una línea progresiva de análisis de su propia historia y circunstancia. Es preocupación de la especie humana conocerse a sí misma y analizar su conexión con el entorno y con la obra de la evolución, estando en permanente periodo de contraste la valoración del contenido finalista que tiene la participación humana.

En la actualidad, las teorías de la evolución parece que se inclinan por adjudicar un contenido teleonómico al desarrollo de la vida, y de acuerdo con ello todo el mecanismo de evolución de las especies, apoyado en las mutaciones y recombinaciones de genes con el arbitraje de la selección natural, tendría unos objetivos. En este programa, el Hombre, que es un ser capaz de formular y perseguir objetivos propios, necesita clarificar la interrelación de sus objetivos individuales con los de la especie. Los modernos planteamientos de la Teoría General de Sistemas han venido a complicar las cosas, porque observando el escenario desde un plano más elevado de conocimiento, aumenta considerablemente la conciencia que el Hombre tiene de su propia capacidad de intervención en la evolución.

A medida que el Hombre dispone de mayores niveles de consciencia, va necesitando disponer a su vez de marcos conceptuales de referencia más sofisticados y cada vez con mayor contenido de conocimiento. Así, un día, el Hombre incorporó el concepto de Dios a sus esquemas de la realidad, lo que no es otra cosa que hacer compatible su conciencia de las limitaciones y misterios inaccesibles con su necesidad de seguir adelante progresando en la aventura de la vida. Los Ideales y la Moral, son medios de valor estratégico con los que el Hombre asigna un valor finalista a su actividad, y también la Política es disciplina que arranca de la necesidad de planteamiento táctico de la actividad. Estas concepciones tienen el rango de procedimientos a nivel de especie y su procedencia es tan antigua quizás como la propia Conciencia Exterior, aunque sea ahora la Cibernética la disciplina que permita concederles su real significado. En definitiva, esto es una muestra de que nuestro instinto irracional no nos abandona, al menos a nivel de la especie que es donde más lo necesitamos.

La especie humana tiene ya una clara idea de que tiene una determinada participación en la evolución, aunque los objetivos no están del todo explicitados. A nivel individual el Hombre es consciente de sus etapas en la vida, desde su existencia fetal hasta su paulatina extinción en la tercera edad, y atiende lo mejor posible al mensaje de la especie, tratando de aportar a sus descendientes o a la Sociedad valores adicionales sobre los que recibió. Al menos a nivel estadístico, esto es evidente, porque hay una línea de progreso en la que las potencias del Hombre aumentan.

A nivel especie el Hombre sabe que ocupa una posición de vanguardia en la escala de animales vivos, y que su posición es la de dominador y coordinador, con una actividad social que está constantemente desafiando a la Naturaleza y sabe que toda esta circunstancia responde al reto del progreso y a la vocación de que la vida tenga un contenido transcendente.

El Hombre se da cuenta que su participación en la evolución es privilegiada y tiene que orientar su actividad con la responsabilidad a que su protagonismo obliga.

La adquisición de mayor conciencia y mayor conocimiento precisa una superior clarificación de los objetivos y perfilar con más nitidez el camino hacia el futuro. El sentimiento de inmensidad de lo inaccesible y de lo desconocido nos invita a reexaminar nuestros pasos por la Historia y nos lleva a plantearnos hasta que punto es viable nuestra existencia y que programa de futuro hay que abordar.

1.1.- Dios y el Hombre

Cuando el hombre adquirió Conciencia Exterior, incorporó implícitamente a sus esquemas racionales el concepto de Dios, El sentimiento de infinito que nos sugiere el desbordante escenario en que nos movemos y no acertamos a comprender, es el sentimiento de Dios, y necesitamos la imagen de Dios como toma de conciencia de ese extremo superior que tenernos en el horizonte y que se nos presenta inalcanzable.

En su esquema de actividad, de dimensión superior al de las especies animales, el Hombre precisa manejar una escala de Valores que organice sus objetivos, con una jerarquía de prioridades válida y operativa a la hora de poner en marcha los mecanismos de acción. Es un marco de referencia que el Hombre tiene que componer para que sea útil a sus planteamientos, con independencia de las cotas de conocimientos alcanzadas. Las nuevas adquisiciones del conocimiento, servirán para enriquecer y desarrollar este marco de referencia, pero la amplitud de intervalo tiene que ser suficientemente grande y abarcar las lagunas desconocidas.

El Hombre se sigue preguntando quien es Dios y en que medida lo necesita o puede prescindir de El, pero en cualquiera de los casos, es un concepto que ha de contemplarse en sus esquemas, aunque para ello maneje el mito y el simbolismo, en sentido positivo o en sentido negativo. Los propios movimientos ateos o concepciones materialistas de la vida, precisan manejar el concepto, y ninguna ideología rechaza en esencia la existencia de leyes e identidades de rango superior, porque ello es anejo a la propia disciplina de razonamiento. Formamos parte de un engranaje de Sistemas, y existen Sistemas Superiores a nosotros que nos influyen y condicionan y a los que podemos bautizar a conveniencia, pero siempre responden al mismo concepto.

Nuestra Escala de Valores tiene que estar acotada para que sea operativa, y el concepto de Dios tal como es manejado en la vida práctica por los individuos, equivale a "empaquetar" lo desconocido y lo inaccesible y hacerlo así manejable para la vida diaria. Esta simplificación, prescindiendo de terminologías y formalizaciones, es común en todas las ideologías.

Lo que por un lado es una necesidad existencial, traducido al nivel simbólico que maneja la cultura popular, el concepto de Dios es materia permanente de especulación. Aunque la aparición del Hombre sobre la Tierra y su constante progresión, implican el concurso de entidad o entidades de rango superior, se plantea como tema filosófico de discusión, en qué medida el Hombre ha surgido del concepto de Dios que manejamos, o es el concepto de Dios que tenemos, una creación del Hombre, disquisición que no afecta a las esencias pero si tiene importancia para el Hombre para clarificar su marco de referencia.

Los textos sagrados, la Biblia, que el Hombre maneja desde tiempos ancestrales como patrimonio precioso, viene a ser un compendio de enseñanza global que muestra a la especie verdaderas síntesis de conocimiento, incluyendo desde una información de sus orígenes y primeros pasos en la Tierra, hasta un esquema de comportamiento para todo tipo de actividades. Tiene un valor relevante para ayudar a construir las escalas de valores de los individuos, como nivel medio de partida sobre el que el Hombre deberá constantemente perfeccionar fertilizándolo con todas sus nuevas adquisiciones.

Los textos sagrados que se han transmitido inalterables durante siglos, han cubierto con éxito la etapa pre-científica en la que el desarrollo cultural de la especie estaba muy limitado por las dificultades de comunicación y difusión de los hallazgos científicos, que solo eran accesibles a minorías de intelectuales. Si la Biblia es un documento revelado o construido por el Hombre, es irrelevante respecto de la utilidad que ha reportado, y en todo caso, su carácter sagrado legítimo o no, es el elemento básico que ha defendido su integridad. Si alguna obra tiene que defenderse de las agresiones del paso de los tiempos y conservar sus esencias, o bien es una obra sagrada y trascendente, y por sí misma tiene valores que la conservan y hacen prevalecer, o hay que mitificada e idealizarla para protegerla.

El significado de los textos sagrados es en cualquiera de los casos de indudable valor.

También en cualquier caso, es natural que el Hombre simbolice la idea de Dios asociando a su imagen todos los valores de perfección que conoce y entiende, y en consecuencia, la imagen popular de Dios es una aglutinación de las características ideales que la especie ha ido contrastando. Si Dios hace al Hombre a su imagen y semejanza, y ello encierra un concepto abstracto importante e identificable en la obra de la evolución, no es menos cierto que el Hombre ha ido también construyendo a su medida la imagen de Dios simbólico que a nivel de procedimiento maneja.

Las concepciones ideológicas y las doctrinas religiosas vienen a presentar, cada una a su manera, la situación del Hombre en su entorno y su relación con los sistemas superiores que le limitan y en cierto modo gobiernan, porque está claro que el Hombre como unidad de acción y la especie humana como sistema, constituyen una parte de un todo de mayor amplitud. La lógica de sistemas, nos permite comprender que hay toda una jerarquía de niveles de decisión en la obra de la evolución, y en ella nuestro concurso se produce a nivel intermedio y con un radio de acción limitado. A niveles de decisión superiores a los de la especie humana también existirán con seguridad órganos, leyes o mecanismos decisorios, que a su vez son intermedios y están englobados en sistemas superiores e incluso, atenderán seguramente a objetivos que pueden ser en parte contrapuestos, lo mismo que los objetivos individuales de una persona solo coinciden en parte con los de su familia o su especie.

Por esto no es de extrañar que existan concepciones politeístas porque cabe pensar en varios sub-sistemas de orden superior, y concepciones monoteístas porque desde luego es lícito contemplar a los sistemas superiores como una unidad. La unidad suele exigir el pluralismo, y el pluralismo ha de conducir a la unidad para que sea fértil, y esto nuestra especie ya lo identifica y afortunadamente trata de incorporarlo como concepto a los planteamientos tácticos de la Política.

El sentimiento de una entidad superior, es complementaria con el sentimiento de finalidad que tenemos de nuestra actividad, y nuestra permanente adquisición de conocimientos tiene que ir continuamente arrojando luz sobre nuestro marco de referencia. Por eso, los mitos y los símbolos, están siendo sustituidos por las formulaciones. Muchos hechos y circunstancias que antaño eran inexplicables pero constatables, eran revestidos de un carácter mítico o misterioso, porque teníamos que convivir con ellos y desafiarlos suponía una fuente de angustia e incertidumbre. La capacidad del Hombre para enfrentarse con lo desconocido, no puede rebasar los límites de lo manejable sin riesgo de traspasar el umbral de la neurosis.

Así la Astrología y toda su justificación mítica ha dejado paso a la Astronomía, que presenta leyes abstractas formulables con independencia de los sentimientos. El Hombre ha hecho abstracción de las supuestas motivaciones y significado del movimiento y posición de los cuerpos celestes, y se ha limitado a observar la dinámica de cambio y formularla. Análoga circunstancia cabría citar en el caso de la Alquimia, cuyos valedores daban un contenido espiritual a los fenómenos con los que convivían. La química moderna proporciona formulaciones precisas que justifican los hechos observados. Así, cada vez avanzamos más por la senda de lo desconocido, aunque en realidad no hagamos otra cosa que ir alejando cada vez más nuestras fronteras, pero ese es nuestro mandato y nuestro reto.

En el plano más humano de los fenómenos de nuestro propio organismo biológico, cabe referirse al desarrollo de la Medicina, y a la sustitución de las practicas de hechicería por los planteamientos actuales de las ciencias médicas, porque aquí hay signos evidentes de cómo estamos desplazando esa línea divisoria con lo desconocido, y en consecuencia vamos también desplazando y elevando de nivel nuestro aparato mítico. Los ritos que el hechicero practicaba para el tratamiento de un enfermo, han sido sustituidos por los fármacos y las intervenciones quirúrgicas, pero sin embargo, el carisma personal que el hechicero manejaba, sigue siendo el instrumento básico con el que el médico plantea sus tratamientos. Incluso el valor simbólico de los ritos sigue utilizándose, y habría que preguntarse si la bata blanca del médico, su imagen con el fonendoscopio a guisa de pectoral, y el hermetismo de sus diagnósticos y precisiones técnicas, no tiene en la realidad mucho que ver con los ritos del hechicero.

El extraordinario progreso de la Medicina sigue reconociendo los valores de la fe como fórmula básica de sanación, como si la principal potencia para sanar radique todavía en mayor proporción en las propias defensas naturales del hombre, que en un momento dado puede poner en juego teniendo fe, que en la capacidad química de los medicamentos. De hecho, se reconoce a la mayor parte de los procesos patológicos, una causalidad psicosomática, y si sigue siendo el carisma personal el elemento que puede poner en marcha el ejercicio irracional de la fe, es evidente que no puede prescindirse del mito. Se podía ir haciendo abstracción del mito en la medida en que el Hombre vaya logrando racionalizar los procedimientos que hoy en día se ponen en marcha con la fe.

La Ciencia es el procedimiento formal que el Hombre ha dispuesto para la abstracción, y a medida que este proceso de abstracción va teniendo lugar, la frontera de la Ciencia se va ensanchando y el Hombre va caminando hacia lo inaccesible. Por eso las llamadas ciencias de lo desconocido, como por ejemplo la Parapsicología, no son sino ciencias a ser abarcadas por las fronteras de la Ciencia convencional.

Los últimos tiempos han supuesto para la especie humana un desarrollo espectacular, porque las ciencias están avanzando exponencialmente. El mundo de las comunicaciones y de los computadores han potenciado tanto la capacidad de acción, que la especie humana comienza a tener fisuras en sus concepciones idealistas y en su sentimiento de Dios. Los mitos y los símbolos, están siendo barridos a gran velocidad, pero la asimilación de las formulaciones científicas que los sustituyen, sólo es accesible para minorías. La Escala de Valores, tiene una dinámica de cambio en la actualidad, superior en ocasiones a la capacidad de reacción de los individuos, y la función de la selectividad de la especie, se está desplazando del campo biofísico al plano psicológico, y el Hombre comienza a fracasar más por motivos psíquicos que por dificultades fisiológicas.

La pérdida de valores que se registra en el mundo, es un reflejo del hecho de que la imagen de Dios se va tecnificando, y aunque existencialmente la abstracción sigue siendo fórmula valida para el progreso, y de hecho la especie a nivel colectivo tenga un desarrollo espectacular, a nivel de individuo se está llegando a situaciones comprometidas.

Por esto, en la actualidad estamos en presencia de una proliferación notable de especulaciones ideológicas, y surgen movimientos comunitarios de la mas diversa índole. Si bien es cierto que las religiones tradicionales se tambalean, también es cierto que hay en ellas escisiones que preconizan el repliegue a planteamientos más ortodoxos de sus propias doctrinas. Las Sectas y comunidades religiosas y rituales, surgen allá donde la aventura intelectual está presente, porque el progreso material ha provocado una ruptura en los esquemas conceptuales del Hombre y éste necesita creer, y busca la convivencia y los planteamientos colectivos en los que se siente protegido y amparado.

También hay que señalar que esta necesidad es a veces contemplada como demanda de consumo, y no faltan movimientos multinacionales que explotan estas circunstancias como fuente de dominio, y en consecuencia de lucro y de poder. El hombre como individuo, tiene ante si la difícil papeleta de identificar la línea ideológica o el grupo comuni-

28

tario que pueda aportar contenido a su existencia, diferenciándolo de aquel otro en el cual vaya a acabar constituyéndose como simple instrumento manejable. Necesariamente ello supone aproximar las concepciones existenciales y las finalidades a las aproximaciones políticas, porque se ha pasado de la dimensión individual y familiar a la dimensión social y las colectividades necesitan compaginar ambos planteamientos.

La ética y las leyes sociales, tienen que estar de acuerdo con los planteamientos existenciales, y a su vez han de ser regulados por la actividad política. El proceso político se fertiliza y supone una abstracción de planteamientos ideológicos que es operativa porque es de naturaleza táctica. Hay incluso planteamientos políticos que ya incorporan todo el contenido ideológico existencial que el individuo va a necesitar en la practica para su actividad y que por lo tanto, prescinden de la imagen tradicional de Dios, quizás porque consideran que la especulación ideológica a nivel individual, ya no tiene un valor práctico y puede tener incluso incidencias regresivas.

Por otra parte, el valor de sintonización colectiva que las prácticas religiosas indudablemente tienen, se encuentra también en el plano social a través de manifestaciones artísticas, culturales, deportivas, emocionales, e incluso eróticas, y no es lícito establecer comparaciones porque si bien es cierto que muchas actividades sociales comunitarias degradan al individuo, hay también otras que lo subliman, porque el fenómeno estadístico de masas está siempre presente, y la distribución de frecuencias estadísticas suele obedecer a esquemas abstractos.

No obstante, aunque a partir de Marx hayan aparecido en el mundo importantes transformaciones sociológicas y políticas, y aunque la imagen de Dios como sistema superior se este tecnificando, la trayectoria del Hombre en la Tierra esta ahí como compendio histórico irreversible que ha sido el soporte de nuestros actuales planteamientos, y toda esta perspectiva tiene que estar presente en el Hombre al contemplar su nuevo marco de referencia.

No está de mas por lo tanto, que hagamos una pequeña incursión en la Biblia para analizar la aparición del Hombre y su consolidación en la Tierra, procurando desvincularnos de ideas preconcebidas, aproximándonos al Génesis con la apertura mental de un niño intelectual que quiere entresacar enseñanza y conocimiento, que es en definitiva la actitud que los textos sagrados solicitan.

1.2.- Dios hace al Hombre a su imagen y semejanza

La aparición del Hombre sobre la Tierra está tan lejana en la Historia como para que no dispongamos de vestigios con los que podamos contrastar como se produjeron nuestros primeros pasos. Los restos arqueológicos, las manifestaciones artísticas, e incluso los restos humanos conservados y hallados, no son suficientes para formular con cierta seguridad nuestro proceso original.

La Antropología ha logrado identificar el entronque del *homo-sapiens* con sus supuestos predecesores los humanoides, y la trayectoria del hombre primitivo hasta nuestros días se asocia a las consecuciones que en cada época ha ido alcanzando, porque las edades de los restos humanos hallados pueden determinarse por análisis radioactivo, aunque por supuesto con ciertos márgenes de error, y estos parámetros sirven de enlace para asociar las estructuras óseas de los hombres de las diferentes épocas con los materiales artificiales por ellos elaborados de los que igualmente se hallan restos en las excavaciones.

De esta forma se ha podido "dibujar" con cierta precisión la evolución experimentada en las características antropológicas de la especie, y en paralelo se ha podido asociar de alguna forma esta línea de progreso fisiológico con la de desarrollo cultural a través del estudio de las obras que nos han legado. Sin embargo hay muchas lagunas y sobre todo nos escapa por completo la causalidad. Advertimos y contemplamos los efectos, pero las causas se presentan difíciles de encontrar.

30

Las actuales orientaciones de la ciencia, sin abandonar la base histórica de los hallazgos y sus correlaciones, se ocupan con mayor dedicación del análisis de los factores de evolución observables en los seres vivos, fundamentalmente animales, porque el material a investigar está disponible y es manejable. Las leyes se van formalizando y los mecanismos se van identificando, pero el origen del Hombre es una etapa que solo podemos contemplar con un enfoque especulativo.

No sabemos si con el transcurso del tiempo podremos componer una versión racional de la aparición de la especie humana sobre la Tierra, pero en cualquier caso habrán de pasar antes muchos años y no disponemos de momento de otra solución que acudir a la imaginación y al simbolismo. Los textos ancestrales, que nos ofrecen por tradición escrita relatos del desarrollo de acontecimientos en los umbrales de la Creación, tienen un contenido de conocimiento simbólico que no podemos despreciar.

El Génesis es una pieza de obligada referencia, tanto por su valor como texto bíblico del que se reconoce "inspiración divina" como por su valor de pensamiento filosófico presentado en un magnifico estilo literario. La luz que el Génesis nos ofrece es ciertamente simbólica, pero tiene unas características de coherencia que no en vano le han mantenido en el transcurso de los siglos con carácter de "libro sagrado". El conocimiento que aporta es elemental pero a la vez profundo, y el desarrollo de las ciencias no solo no desautoriza su mensaje, sino que incluso de vez en cuando da sentido a sus matizaciones.

Vamos a hacer una pequeña incursión en el Génesis, examinando algunos versículos relevantes, para formarnos una imagen interpretada de como la tradición escrita nos presenta la obra de la Creación en lo que se refiere a la incorporación del Hombre y como el Hombre inicia su escalada de progreso. Al menos podremos manejar una visión del acontecimiento que puede estar de acuerdo con los textos sagrados sin que sea opuesta a los modernos planteamientos científicos y filosóficos, e incorporando incluso los elementos estéticos necesarios que, a falta de una base más solida, den coherencia a nuestras especulaciones.

En el versículo 1/26 del Génesis, se nos ofrece la fórmula básica que la obra de la Creación utiliza como procedimiento. Se trata de la creación a imagen y semejanza cuya aplicación es observable en el orden natural de forma generalizada. Es además un principio que encaja muy bien en nuestro pensamiento, porque en el fondo nos hace "digerible" la actividad de crear. Crear "de la nada" se matiza considerablemente con la idea de construir aportando soluciones que ya se manejan en propio.

> *"Entonces dijo Elohim: Hagamos al hombre a imagen nuestra, a nuestra semejanza, y domine en los peces del mar, y en las aves del cielo, y en los ganados; y en todas las bestias salvajes, y en todos los reptiles que reptan sobre la tierra"* (Génesis 1/26)

La creación del Hombre se presenta aquí como la culminación de la obra de Dios. La declaración tiene un aspecto transcendente pues sitúa al Hombre con la intención de que domine sobre todo el Sistema anteriormente creado, y se le dota de unas características equivalentes a las que dispone el sistema creador. La fórmula nos resulta familiar porque el fenómeno se ajusta al mismo simbolismo que la transmisión de padre a hijo, siendo este también concebido a imagen y semejanza e investido de esa capacidad de dominio sobre las posesiones de su progenitor, aunque también es posible que sea precisamente esta analogía la utilizada por el autor para mejor comprensión de la aparición del Hombre.

En cualquier caso, queda claro en el texto la motivación de crear una especie dominadora que puede tomar a su cargo el control operativo de toda la infraestructura material y biológica previamente existente, lo que constituye una verdadera presentación del Principio de Subsidiariedad que está presente de forma general en todas nuestras actividades y constituye ley natural. La adopción de este principio es una muestra de cómo siempre ha de haber grados de libertad y de autonomía a todos los niveles de la escala de la Creación para que la obra pueda progresar y edificarse sobre bases sólidas. Yahveh Elohim dispone todo un sistema físico-biológico, y culmina su obra situando una entidad, el Hombre, que pueda controlar su funcionamiento y continuar el proceso de evolución con su propia responsabilidad, aunque con la tutela superior como se comprueba continuamente a lo largo de los textos bíblicos.

El Hombre, está dotado a imagen y semejanza de su creador, y en consecuencia se reproducirá posteriormente transmitiendo esas mismas características a su prole, como expresamente se declara en el versículo 5/3 del Génesis cuando Adán engendra a Seth. Se adivina en esta característica un verdadero relevo en el control operativo del orden natural, y se advierte que el Hombre tiene que estar llamado a grandes destinos por que la naturaleza según se nos presenta en el Génesis, es una infraestructura, y de acuerdo con el actual conocimiento, hay que conceder a la naturaleza y a los sub-sistemas que integra, un contenido de finalidad.

El concepto de Dios, que en el Génesis se denomina por Yahveh Elohim, ha de ser actualmente contemplado como un sistema de orden superior. La imagen de Dios es la imagen del orden que nos gobierna y de la voluntad suprema a la que debemos nuestra existencia, y el concepto unitario de Dios no es otra cosa que el concepto de sistema. Yahveh no tiene porque ser un sujeto unitario, y por eso el término plural utilizado en Génesis 1/26 no hay que entenderlo como base del politeísmo ni tampoco es preciso darle una justificación como la que algunos teólogos han apuntado de referencia a la Trinidad.

En el simbolismo del Génesis, Yahveh Elohim se nos presenta como encarnación de la conciencia del sistema superior que crea y domina al Hombre, y la creación de éste se entiende como una decisión del sistema superior o divino. Así, los hombres se constituyen como seres con objetivos propios y capaces de reproducirse a imagen y semejanza, dejando claramente establecido en Génesis 1 /27:

" Creó pues Elohim al hombre a imagen suya, a imagen de

Elohim creole, macho y hembra los creó".

La lógica binaria está presente una vez más en el procedimiento de reproducción, y se establece la procedencia de macho y hembra a la que en diversas partes de la Biblia se hace referencia, presentando la unión entre ambos sexos como formación de una sola carne.

Yahveh Elohim como representación simbólica del sistema superior o Dios, da instrucciones muy concretas al hombre limitando las atribuciones, que son amplias a excepción de disponer del fruto del árbol de la ciencia:

> *"Tomo pues Yahveh Elohim al hombre y lo instaló en el vergel del Edén, para que lo cultivara y cuidara. Luego dio Yahveh Elohim orden al hombre, diciendo: "De todo el árbol del vergel podrás comer libremente, mas del árbol de la ciencia del bien y del mal no comerás pues el día en que de él comieres, morirás sin remedio".* (Génesis 2/15, 16 y 17).

Parece chocante que al Hombre se le prohíba acudir al árbol de la ciencia, cuando por otra parte se le dota de las mismas características que su creador, y cuando está claro que la aparición del Hombre es el principio de una larga trayectoria de evolución. Quizás haya que entender este simbolismo con el valor de disponer unas limitaciones iniciales que aseguren la etapa de "rodaje", durante la cual el temor de Dios vendría a ser una fórmula de equilibrio para encauzar debidamente el principio de dicha trayectoria.

Sin embargo, también hay que entender que para el sistema superior, Dios, tampoco tiene porque ser excesivamente relevante el Hombre y su entorno, sino simplemente un engranaje más de su gran obra. Probablemente, estaban planteadas las dos alternativas de mantener al Hombre como una entidad que se ocupara del control operativo de su entorno pero con muy limitadas posibilidades de evolución, o por el contrario, dotarle de características creadoras y concederle en consecuencia misiones de rango mas trascendente hacia el futuro.

Es la alternativa entre una especie que controle su entorno por medio del instinto y sus potencias de conciencia automática interna, y la posibilidad de dotar al Hombre de formas relevantes de Conciencia Exterior que le permitan formularse objetivos, desarrollar su inteligencia, elevar sus niveles de conocimiento e intervenir como elementos activos en la propia obra de la evolución.

Está claro que el Hombre apareció sobre la Tierra sin formas exteriores de conciencia, lo que en Génesis 2/25 se indica expresamente:

"Ahora bien, estaban los dos desnudos, el hombre y su mujer, mas no sentían vergüenza"

Adán y Eva no tenían conciencia y actuaban sin capacidad de juicio, de una forma instintiva ajustándose al mandato de Yahveh. EI árbol de la ciencia les era negado y no podían acudir a su fruto. porque la voluntad de Yahveh no disponla que el Hombre tuviera abierta la puerta para aumentar sensiblemente sus niveles de conocimiento.

Quizás también sea un requisito que no alcanzamos a comprender dentro de este orden maravilloso de la Naturaleza que le sea dado al Hombre capacidad para rebelarse. Sería algo así como si en esta doble alternativa planteada por Yahveh, hubiera optado éste por dejar que sea el propio Hombre quien tome la decisión de permanecer según el mandato inicialmente dado, o bien incurrir en el pecado original y cobrar Conciencia Exterior y desarrollar su inteligencia, planteándose objetivos de forma autónoma.

En el fondo, esta práctica no sería otra cosa que una maravillosa lección de libertad, y estaría por otra parte de acuerdo con los modernos hallazgos científicos que han acabado por identificar el nacimiento de un niño como acto voluntario del propio nuevo ser. Es el niño el que identifica el momento preciso en el que se encuentra suficientemente capacitado para salir del claustro materno, y análogamente cabe admitir que se delegue en el propio Hombre la decisión de cual es el momento de romper amarras y emanciparse hasta ciertos límites de la tutela de su creador.

Cabría incluso admitir que Yahveh Elohim fuera simplemente la encarnación de un subsistema que por sí mismo no deseaba la emancipación del Hombre, y que fuera otro sistema, de orden superior quien hubiera dispuesto el procedimiento, lo cual no es contrario al concepto de Dios. Por otra parte, el propio Génesis nos da muestra de que en aquel tiempo, Adán y Eva y su prole tenían contacto no solo con Yahveh Elohim, sino también con otras entidades de menor rango del sistema divino. Así Caín expresa sus temores ante su encuentro con otros seres cuando Yahveh le expulsa a raíz de la responsabilidad en la muerte de su hermano, y ante dicha circunstancia, Yahveh le signa en la frente. También cabría referirse a los ángeles que anuncian a Lot, o a los gigantes, en el episodio de la Torre de Babel, y a muchas otras citas del Antiguo Testamento.

El Hombre aparece sobre la Tierra con un mandato inicial, pero "desnudo" de conocimiento, sin una Conciencia Exterior que le capacite para ser autónomo, y en estas condiciones comienza a seguir su larga trayectoria en la que será protagonista de una infinita secuencia de sucesos. Algunos de estos constituirán verdaderos umbrales de su existencia. Uno de estos umbrales es el pecado original.

1.3.- Adquisición de Conciencia Exterior. El pecado original

Una vez creado el Hombre y situado sobre la Tierra, inicia una etapa pre-consciente de toma de contacto con la Naturaleza, etapa durante la cual el Hombre se dispone a "conocer". Previamente Yahveh había creado a la Mujer (Génesis 2/22 y 23), acto mediante el cual formaliza Yahveh su decisión de integrar al Hombre con la Naturaleza, simbiosis necesaria para que se cumpla el Plan Divino y el Hombre inicie su escalada en busca de la dominación del entorno.

Con la aparición de la Mujer, aparece implícitamente el procedimiento de morfogénesis que permitirá a la especie humana reproducirse instrumentalmente bajo las propias leyes naturales. La Mujer representa en el orden filosófico la adquisición de la ley asociativa para la especie humana, propiedad necesaria para el comportamiento dinámico de la especie en la evolución. La Mujer a partir de entonces, tiene sus propias características dentro de la especie humana aportándolas a la "polaridad" que con el Hombre forma en la especie humana. La Mujer parece estar más dotada, y esto es observable en la vida real, para el ejercicio de la intuición, la comunicación psíquica, y todo ese tipo de condiciones que vienen a ser potencias irracionales o inconscientes, mientras que igualmente se observa que el Hombre se ha impuesto mas en las formulaciones lógicas y en el ejercicio del racionalismo.

No está claro del todo, que este contraste de características se deba exclusivamente a las mayores oportunidades sociales que el Hombre ha tenido para cultivar su capacidad de razonamiento intelectual, y en todo caso, en el propio Génesis se concede a la Mujer simbólicamente esta mayor capacidad analógica. Concretamente, en el episodio de la Serpiente. Es Eva la que logra extraer del escenario de la Naturaleza, las primeras reflexiones validas para el desarrollo de la especie. y aunque todavía no disponía de Conciencia Exterior, comienza a poner en marcha alguna forma de pensamiento por un procedimiento de "Intuición" o "Revelación".

Adán, y fundamentalmente Eva, van recibiendo impresiones del Entorno en el cual ellos mismos se contemplan como sujetos, y el efecto continuado de eco de imágenes que van manejando comienza a constituir una forma primaria de mecanismo de *feed-back* o realimentación que los sitúa en los umbrales de la adquisición de Conciencia Exterior. La Revelación, la Intuición, y esta serie de potencias poco conocidas, quizás sean los elementos que fertilizan el procedimiento mediante el cual se llega a consolidar la toma de conciencia que el Génesis nos ofrece de forma simbólica en el episodio en el cual la Naturaleza se encarna en la Serpiente:

"La serpiente dijo a la mujer: No moriréis desde luego; es que

Elohim sabe que el día en que comáis de él se abrirán vuestros ojos y os haréis como dioses, sabedores del bien y del mal." (Génesis 3/4 y 5)

Esta primera forma de reflexión deja claramente establecido que el Hombre tiene ante si grandes objetivos que perseguir, de acuerdo con los deseos de Yahveh, y que su posición en la Naturaleza no puede limitarse a la supervivencia dentro del conjunto de las especies animales. El Hombre está destinado a crear a imagen y semejanza, y tiene que escalar posiciones en el orden natural porque así está previsto en los objetivos del sistema superior.

Eva advierte que el fruto del Árbol de la Ciencia, puede dotar al Hombre de la capacidad de juicio que precisa para progresar y elevar sus niveles de conocimiento, y Eva intuye que este fruto es necesario para adquirir la autonomía, la libertad y en definitiva, la responsabilidad. Obsérvese que aquí hay implícita una enseñanza transcendental que de forma repetida se observa como ley natural, y que consiste en que la libertad y la responsabilidad no son valores que se conceden, sino que constituyen atributos que hay que ganar. En la Naturaleza esto lleva a configurarse bajo formas que el acerbo popular bautiza como la ley de la selva o la ley del mas fuerte, con todo lo que tienen de positivo y de negativo, pero que ciertamente vienen a mostrarnos que otorgar responsabilidad, libertad y autonomía es una figura que equivale a una actividad protectora y la protección no es si misma un objetivo.

De hecho, cuando el Hombre en su constante proceso de artificialización actúa en la sociedad y aplica un criterio proteccionista, generalmente suele fracasar, al menos cuando se impone esta actitud como ley. Hay sin embargo que distinguir la utilización de este criterio como medio o como instrumento para lograr otro tipo de fines. Es un instrumento por ejemplo como el sistema fiscal que el Hombre aplica para dirigir la administración de la hacienda pública y orientar el desarrollo de la economía, donde el objetivo que se persigue es de tipo homeostático.

Lo cierto es que es una enseñanza popular que la libertad por lo general no se otorga sino que se conquista, y que una persona no es encasillada por la Sociedad, sino que es ella la que generalmente conquista una posición en la Sociedad. Por esto, el Pecado Original hay que contemplarlo quizás como un eslabón mas del plan divino que confirma al Hombre como entidad capaz de responder a las expectativas que Yahveh tenia cuando lo creo. La rebelión es por lo tanto una figura compatible con el desarrollo de la especie humana y con los objetivos de Dios, aunque el simbolismo del Génesis pudiera interpretarse de distintas formas.

El umbral de adquisición de la conciencia se traspasa y en el Génesis 3/6 podemos leer:

> *"La mujer vio que el árbol era bueno de comer y un deleite a los ojos, y que era además el árbol apetecible para lograr la inteligencia, y tomo de su fruto y comió, haciendo también partícipe a su marido, el cual comió". (Génesis 3/6).*

Así, Adán y Eva toman conciencia de que no solo tienen que formar parte de la Naturaleza y actuar en ella de forma simplemente operativa, sino que tienen que extraer de la Naturaleza todas las enseñanzas implícitas, para poderlas incorporar como criterios propios, criterios que son precisamente los que Adán y Eva necesitan para la escalada del conocimiento.

En Génesis 3/7 se nos ofrece la confirmación de que Adán y Eva han conquistado la autonomía y ya disponen de una Conciencia Exterior y comienzan a utilizarla:

> *"Abrieronse entonces los ojos de ambos y comprendieron que estaban desnudos...., (Génesis 3/7).*

Antes del Pecado Original, Adán y Eva estaban desnudos y no sentían vergüenza, pero después del Pecado Original advierten realmente su desnudez y constatan cuan insignificantes son dentro de la obra de la

Naturaleza.

Aquí se nos ofrece la lección de la humildad, valor que lejos de ser condición de personas poco relevantes, es atributo precioso que solo pueden conquistar las voluntades esforzadas. En cuanto el Hombre escala mayores posiciones de conocimiento en su trayectoria en la vida, también puede contemplar a su vez un mayor horizonte que se traduce en ver la obra de Dios y sentirse mas cerca de Dios con la voluntad, pero más lejos de Él por la conciencia de la "longitud" que le queda al Hombre por recorrer en el futuro de la especie.

La humildad acompaña siempre a los grandes hombres que han pasado por la vida, y es un elemento estimable que sirve de orientación al Hombre y le capacita para un mejor ejercicio de su actividad de juicio, desvinculándola de condicionamientos perturbadores. Dice el acerbo popular en dicho acuñado cuyo origen desconozco: "Un gran hombre se repone en seguida de un fracaso, mientras que un hombre mediocre no se repone nunca de un éxito".

Traspasado el umbral de la conciencia, Adán y Eva orientan a la Especie a la lucha por la adquisición de conocimiento, y el conocimiento es a partir de aquí un bien inventariable patrimonio del Hombre, y éste en adelante se impondrá como objetivo enriquecerlo. El Árbol de la Ciencia no dejará ya de ser explorado por el Hombre, y el Hombre tratará siempre de hacerlo más frondoso y mas fértil.

El conocimiento, es en definitiva el fruto del Árbol de la Ciencia, y el Hombre en su trayectoria por la vida ira extrayendo este fruto porque lo necesita. El Árbol de la Ciencia es de momento inagotable para nuestra localización temporal tan reducida, en la que solamente nos es permitido contemplar el fenómeno humano, pero sin embargo, el Hombre cumple también una misión de "eslabón" en la cadena de la evolución, y el Árbol de la Ciencia en el futuro lejano, puede llegar a ser un potencial del que no se puede extraer ya fruto en la medida en que se necesita. Por esto el Hombre, a la vez que extrae conocimiento de la Naturaleza, procede a su vez a reinvertir la "semilla" construyendo a su vez un árbol artificial ¡a imagen y semejanza!

El Hombre extrae conocimiento de la Naturaleza y lo artificializa, sembrando este conocimiento y construyendo la Ciencia en los términos en que se maneja en las universidades, fertilizando por un lado la actividad productiva del Hombre mediante el desarrollo tecnológico y capitalizando en paralelo el Árbol de la Ciencia humana directamente inspirado por la ley natural.

Quizás por esto, el paso del Hombre por la Tierra está presidido por lo que podríamos calificar de lucha contra natura, entendiéndolo en términos positivos lo que en Génesis 3/14 y 15 se indica simbólicamente:

"Entonces dijo Yahveh Elohim a la serpiente: Por cuanto hiciste tal, ¡maldita seas entre todos los ganados y entre todas las bestias salvajes! ¡sobre tu vientre caminarás y polvo has de comer todos los días de tu vida! Enemistad pondré entre ti y la mujer y entre tu prole y su prole, la cual te aplastará la cabeza mientras tú apuntarás a su calcañar".

Elohim maldice a la Naturaleza encarnada en la Serpiente, por haber apoyado y reforzado la proposición de Eva y haber abierto al Hombre las puertas del conocimiento. Elohim maldice a la Naturaleza, o más precisamente al entorno del Hombre, y advierte que el Hombre y la Naturaleza que le rodea van a tener objetivos encontrados.

La lucha contra Natura, es actitud obligada en el proceso de artificialización, y así el hombre talará los bosques, cambiará el curso de la corrientes fluviales, transformará semillas,....etc.

En Genesis 3/22 y 23, Yahveh Elohim se detiene a considerar la nueva posición que ha cobrado el Hombre y el paquete de actividades que comienza a ejercer, y toma acción cortando el "cordón umbilical" una vez que el Hombre ha adquirido autonomía:

Entonces Yahveh dijo: "¡Hete aquí al hombre vuelto como uno de los nuestros, sabedor del bien y del mal! ¡no vaya ahora a alargar su mano y tome también el árbol de la vida, coma de él y viva eternamente!" Expulsole, pues, Yahveh Elohim del vergel del Edén a trabajar el suelo de donde había sido tomado. (Génesis 3/22 y 23).

En medio del lamento admirativo de Yahveh, se nos vuelve a ofrecer una imagen politeísta, pues nuevamente se hace expresión específica del término "nosotros" lo que refuerza la idea de Yahveh como subsistema de rango muy superior al Hombre, pero formando parte a su vez de otro Sistema Superior, lo que justifica como antes hemos indicado, que dentro de la unidad de Dios como Sistema, sea compatible el aparente "fracaso" que Yahveh tiene con la rebelión del Hombre.

La expulsión del Edén equivale al "despegue" del Hombre como sistema y Yahveh contemplará a partir de ese momento al Hombre como una entidad con autonomía propia que esta por lo tanto menos necesitado de tutela a partir de ese momento. Yahveh se comporta como un "sistema abierto" y modifica sus planes de acuerdo con la experiencia.

La rebelión aparece en cierto modo como una figura contraria al plan de Yahveh, aunque compatible con el plan de Dios como entidad suprema, y Yahveh seguirá impregnado del significado de la rebelión a lo largo del simbolismo que nos presenta el Génesis. Así posteriormente, cuando se describe el episodio de la torre de Babel, podemos leer:

Y dijo Yahveh: "He aquí que forman un solo pueblo y poseen todos ellos la misma lengua. Si este es el comienzo de su actuación, ahora ya no les resultará impracticable nada de cuanto proyecten ejecutar ". (Génesis 11/6).

Yahveh sigue controlando la trayectoria autónoma del Hombre, y sigue imponiendo acciones correctoras como piloto que es de la especie humana, porque aunque haya disminuido su actividad de control directo sobre los hombres como individuos, sigue tutelando la continuidad

42

de la especie para canalizarla, evitando sesgos y tendencias contrarias al plan divino. Muestra de ello es la decisión expresada en Génesis 11/7 y 8.

> *"¡ Ea, bajemos y confundamos ahí mismo su lengua, de suerte que no comprendan los unos el habla de los otros!" Luego los dispersó Yahveh de allí por la superficie de toda la tierra y cesaron de construir la ciudad.*

Esta acción conductora se sigue posteriormente describiendo a lo largo del Génesis, como puede ser el caso de la destrucción de Sodoma para modificar una orientación de la especie que ponía en peligro su futuro desarrollo.

Con el pecado original, el Hombre recibe un reto y la especie humana cobra objetivos. La Conciencia Exterior es el instrumento del que el Hombre se va a servir para dirigir su propia autonomía y para influir de forma activa en su propio desarrollo. La era psíquica se abre en la historia de nuestra evolución.

1.4.- El hombre con el peso de su conciencia. El problema existencial

La adquisición de Conciencia Exterior es la primera piedra de la conquista de la autonomía y es comienzo de una escalada en la que el ritmo de los acontecimientos se acelera. Los individuos de la especie humana que hasta ahora vivían guiados por el instinto con unas fórmulas de vida estáticas y con unos criterios invariantes van a enfrentarse a la prueba de la responsabilidad.

El "medio ambiente" impondrá nuevas solicitaciones porque los individuos más aptos ya no serán los físicamente más dotados y con mayor capacidad para mantener y hacer valer los dictados del instinto, sino los que dispongan de mayor potencia para adaptarse a la línea de progreso que el fenómeno social va a sustentar e impulsar constantemente.

El factor selectivo se endurece y los marginados y los aventureros tendrán a partir de aquí su oportunidad. Los más capacitados para dominar una situación determinada pueden ser los más vulnerables si cambian las condiciones que configuran esa misma situación. El Hombre tiene que comenzar a organizar sus criterios en abstracto con independencia de los acontecimientos de los que obtuvo experiencia y extrajo conocimiento. Los procedimientos de acción tienen que tener validez universal porque en la escalada humana lo que se cotiza es la capacidad para enfrentarse a lo desconocido.

El trabajo intelectual consiste en adaptar los medios a las necesidades y éstas tienen que ser previamente identificadas, intuidas e incluso prospectadas. La adaptación de medios a fines ya no se fundara solamente sobre las necesidades predominantes porque el Hombre como unidad de acción planteara objetivos propios y el mundo se llenara de subjetividades. El entorno se enriquece por la fertilidad de las conciencias exteriores individuales pero también los individuos se ven sometidos al contraste y a la discrepancia porque la actividad humana ya no es un producto directo del escenario y del instinto, sino que hay que programarla.

Sin embargo, el Hombre habrá de seguir operando también según el mandato de su instinto porque el proceso de racionalización va a ser muy prolongado, y porque en cualquier caso la razón no va a ser un procedimiento de acción sustitutivo sino complementario. El instinto podrá ser enriquecido y adaptado con el ejercicio de la conciencia, pero esencialmente seguirá siendo un producto de la raza con el que contamos inicialmente para empezar nuestra andadura por la vida.

Las proposiciones instintivas están muchas veces en contraposición con las conclusiones razonadas y obviamente esto va a ser una fuente constante de conflicto. Los sentimientos son locales y están afectos a situaciones, objetos, personas, intereses, ... etc. de los que no podemos

44

por lo general desvincularlos, mientras que la razón no tiene dimensiones.

El Hombre es consciente de esta condición, pero cuando interpreta que tiene en juego aspectos importantes en su vida, suele tener dificultades para razonar con criterios de universal aplicación. En estas ocasiones suele ser el Hombre presa de su instinto, al que parece como si acudiera para protegerse. La supervivencia es un objetivo instintivo y prioritario y el sentimiento de miedo a lo desconocido es demasiado potente para someterlo.

El miedo a lo desconocido, o quizás el temor de Dios, es una prevención contra lo estructurado. Aquello que advertimos que tiene entidad propia, pero no acertamos a justificar su comportamiento, es algo que el instinto nos obliga a contemplar con precaución porque es un elemento no dominable y en algún modo puede ser dominador. El Hombre tiene miedo a la estructura en la medida en que escapa a su control y sin embargo se siente atraído irresistiblemente por lo desconocido.

La adquisición de Conciencia Exterior es una adquisición de responsabilidad y las necesidades de progreso obligan a aprender a enfrentarse con lo desconocido. El Hombre comienza a abandonar la lucha con los elementos de su entorno, a los que conoce y tiene medidos, para pasar a enfrentarse a los "fantasmas ", aunque tenga poco a poco que ir identificando "molinos de viento". Es la hora de la aventura y el camino hacia la razón va a estar paradójicamente lleno de sin razones.

En este panorama, el Hombre es una unidad de acción individual, con unos objetivos propios y con una actitud individual ante la existencia, aunque también sabe que participa en una aventura comunitaria. Los objetivos individuales y los objetivos de grupo son muchas veces contrapuestos y hay que saber encontrar la intersección que viene a ser "el proyecto" que cada individuo está constantemente diseñando para llegar a realizarse. Para ello cuenta con la libertad individual, que utilizaremos para resolver nuestras incertidumbres. Si no hubiera lugar al ejercicio de la libertad porque dispusiéramos de un marco de acción claro y detallado, nuestros procesos de decisión serían tan elementales como la circulación del agua por la línea de máxima pendiente y eso equivaldría a la negación del Principio de Subsidiariedad.

El esquema de acción que el Hombre utiliza es un modelo subjetivo que va perfeccionando con la experiencia a medida que sus vivencias van aportando mayor definición a los conceptos. Y el programa de actividad o proyecto vital del individuo, va cristalizando con tanta rapidez como su misma conciencia consigue "madurar". El Hombre necesita saber que posición ocupa en el sistema y cuál es su cometido, y necesita también sentirse útil y apreciado en el conjunto. El sentimiento de irrelevancia es frustrante y agruparse en la familia, con los amigos, y en los clubs y comunidades, más que para superar el sentimiento de aislamiento y soledad es una fórmula segura de encontrar utilidades al programa de vida. La lucha por el bien común es en todo caso una salida airosa a una insuficiencia de objetivos propios.

En cualquier forma, está claro que sabemos que la unión hace la fuerza" y que para seguir progresando, la actividad tiene que desarrollarse en grupo bajo planteamientos sistemáticos. Por eso el Hombre ha constituido fórmulas de agrupación más sofisticadas que las derivadas del factor familiar o del de vecindad, que es el que de alguna forma natural agrupa a los animales, objetos pasivos del fenómeno social, inducido en este caso de una manera que podríamos denominar natural. El Hombre ha generalizado las condiciones que pueden permitir a los individuos agruparse para la realización de actividades comunes y ha desarrollado fórmulas de convivencia para que los grupos sean operativos, porque el factor aglutinante es ya artificial y la comunión de intereses no la sustenta ya el instinto y los sentimientos irracionales.

Los grupos aparecen con criterios elaborados por los hombres, y la asociación se realiza racionalmente como racionales son también los objetivos sociales de las colectividades. Sin embargo los grupos, una vez cristalizados, necesitan imperiosamente del factor irracional para hacerse poderosos e influyentes, y así el proselitismo tiene siempre un

46

carácter mas bien carismático que lógico. El grupo aparece racionalmente porque para que una entidad sea relevante e influyente tiene que tener objetivos y programa de acción, y estos no surgen espontáneamente sino que son fruto de la razón. Pero el grupo una vez que comienza a operar busca "obreros" que le den dimensión, potencia y eficacia, y la vía irracional ayuda a conseguirlo sin que al crecer el colectivo se replanteen demasiado los supuestos iniciales. La experiencia dice que los "estatutos" fundacionales no son generalmente objeto de cambios profundos.

EI fenómeno social crece en importancia con el desarrollo de los grupos comunitarios en número y en ámbito de acción, y las colectividades van adquiriendo cada vez más un carácter activo. Las familias, las comunidades religiosas, las asociaciones de ámbito local, de carácter pasivo, ceden el poder de control de la actividad humana a entidades activas, como son las agrupaciones sindicales o los partidos políticos que tienen unos objetivos claros de influencia en el entorno social. El entorno social ha sido creado por el Hombre, por lo menos en la dimensión actual que lo hace trascender de limitaciones geográficas y étnicas y de condicionamientos nacionalistas, y como toda creación humana, tiene que ser dirigido por el Hombre. La lucha por el poder para el control de la Sociedad aparece como una motivación de primer plano en la escala de valores.

La lucha por el poder ya no tiene objetivos locales ni es ejercida por individuos sino que los protagonistas principales son ahora los grupos sociales y estos son más ambiciosos que los individuos aunque también tengan conciencia de sus limitaciones. El juego político es el camino para la consolidación de las conciencias colectivas y los enfrentamientos entre grupos servirán para decantar las supremacías e ir configurando los mecanismos de decisión de los sistemas superiores. Las batallas, bien sean simplemente dialécticas o bien lleguen al plano físico van a ejercer una tarea de selección en la evolución social.

En toda esta perspectiva se superpone el factor económico, porque toda actividad requiere la movilización de recursos y estos han de ser en consecuencia administrados, tarea que supone una complejidad adicional en el fenómeno social. La vida primaria solo precisaba de elementos naturales que la propia Naturaleza se encargaba de administrar y se aceptaba como limitación de partida que no cabía intervenir en las leyes superiores. El trueque natural fue la primera intervención económica del Hombre y apareció el comercio como contribución a la obra social.

El dinero como medio de cambio fue la consecuencia directa de aplicar criterios abstractos al comercio y a partir de aquí tiene el Hombre y sus colectividades que asumir la tarea de administrar los activos sociales. El Hombre lleva a sus agrupaciones sociales la misma orientación a principios económicos que advierte en la obra de la Naturaleza, pero la búsqueda del equilibrio energético ya no la garantizará una ley superior, porque estamos en el plano artificial y el Hombre habrá de dirigir y controlar sus propias creaciones. El factor económico y el dinero como elemento de medida, configuran la "riqueza" con un valor a perseguir de rango complementario al "poder", porque está muy claro para el Hombre que su éxito en la actividad depende mucho de la calidad y cantidad de los recursos que pueda aplicar.

Toda esta línea de progreso social está sustentada por el desarrollo de la Conciencia Exterior individual y ello no representa un "equipaje" cómodo de llevar porque el Hombre como unidad de acción y como sistema está soportando una tensión que está minando su fisiología. El estrés y la angustia no es producto tanto de la carga de trabajo como del contraste de situaciones y conflictos existenciales con los que el individuo ha de convivir. La escala de valores no es para él ese estatuto más o menos invariante que en el plano social elabora constantemente, sino que resulta ser una presa del factor dinámico y tiene que replantear continuamente sus motivaciones.

Ya no son solo los valores vitales del sexo o de la salud, o la supervivencia los que el Hombre tiene que organizar sino que su escala esta enriquecida con los valores lógicos, éticos y estéticos. La verdad, la bondad, la belleza, la libertad, el poder, la riqueza .... son conceptos que el individuo tiene que jerarquizar, porque las situaciones cambian constantemente y hay que estar preparado como unidad de acción para la lucha contra lo desconocido.

La forma en la que se ejerce la actividad humana y los condicionamientos del desarrollo social no ayudan precisamente a la lucha constante del Hombre para organizar su escala de valores. Los resultados de nuestras acciones nos servirán para replantear nuestras fórmulas de acción, pero también suponen un juicio de nuestras motivaciones y de nuestras aptitudes para abordarlas. Nuestro "proyecto vital" tiene que estar en fase con nuestras posibilidades de realizarlo y una dicotomía es aquí una fuente de angustia. Muchas de las decisiones y orientaciones individuales son irreversibles y hay veces que el Hombre contempla con tristeza como se está separando cada vez más de sus ilusiones.

Muchas de las esencias valiosas para el Hombre tenían un carácter mítico y eran aceptadas sin revisarlas, pero los mitos van cayendo con el progreso de las ciencias y las tecnologías, que encarnan un proceso de abstracción que destruye los tabús y sus vinculaciones al fenómeno humano. Así las razones mágicas se condenan y se está produciendo una importante recesión a nivel litúrgico. Las esencias permanecen, pero las formas están siendo revisadas porque pierden su potencia operativa y hay que remodelarlas haciéndolas abstractas para mayor utilidad en la obra artificial del Hombre.

La malo es que el Hombre no puede tener lagunas en sus esquemas mentales, y si se derrumban los mitos hay que reponerlos por un mayor conocimiento, pero el proceso de desmitificación esta teniendo lugar con mayor velocidad que el proceso paralelo de adquisición de conocimiento. El Hombre "percibe" cada vez mas y mayor es su entorno y en consecuencia dispone cada vez de mas información, pero sus niveles de conocimiento no progresan en la misma medida. No es capaz muchas veces de asimilar la enseñanza de la experiencia con la agilidad que las circunstancias requieren, y esto es una puerta entreabierta a la neurosis.

La Conciencia individual va potenciándose pero el Hombre siente en sus carnes la lucha por la vida que cada vez es más compleja, y a pesar del extraordinario desarrollo de las comunicaciones y de la información, el Hombre está cada vez mas "aislado" porque está más integrado en la Sociedad pero es también más vulnerable. Es curioso que los hombres se aglutinen en pequeñas áreas geográficas y construyan grandes concentraciones urbanas, aumentando las densidades de población y sin embargo haya cada vez menos comunicación a nivel individual, hasta el punto de que las personas no conozcan a los vecinos de sus viviendas. La vida moderna no favorece tampoco la relación familiar y el Hombre se aísla existencialmente, teniendo que vivir de la ilusión social y del deseo de agrupación, que son elementos racionales que pueden llenar sus programas de acción, pero que no acaban de fertilizar por completo la existencia propia.

El Hombre está construyendo su sociedad artificial y los objetivos que importan son los colectivos, aunque a nivel individual los seres resulten polarizados y aislados. El problema existencial ha adquirido dimensión social porque se ha traspasado el umbral del fenómeno social y las vivencias son colectivas. La obra es comunitaria, pero los problemas están también afectos a los grupos. Se viven incluso angustias colectivas porque la libertad ya no se ejerce a nivel individual en pequeños entornos. La actividad humana se aplica a objetivos de colectividades y nuestras actitudes han de ser reorganizadas.

Cabría preguntarse si no se resentirá nuestra salud mental, porque tenemos ante nosotros la nada fácil tarea de "ensanchar" nuestros conceptos, y ello no contando con más armas que nuestros niveles de conocimiento, enfrentándonos con el postulado de objetividad de la Naturaleza. La aventura de la Conciencia Exterior es larga y agotadora aunque resulte apasionante. Quizás nuestro problema sea hacer compatible ensanchar nuestras fronteras con nuestra capacidad para consolidarlas. Necesitaremos que la propia experiencia social nos ilumine para que el ejercicio de nuestra responsabilidad colectiva sea fértil.

1.5.- Sobre el desarrollo de la especie humana.

En los fenómenos de la naturaleza se advierte una extraordinaria armonía entre los valores continuos y los discontinuos. Cuando analizamos algún elemento o circunstancia de las que nos rodean y advertimos en él características de continuidad, también llegamos a identificar valores individuales discontinuos si penetramos con profundidad en el análisis de los componentes. Algo así como la imagen de la pantalla de televisión o simplemente de una fotografía que se nos ofrece como la reproducción de una escena natural y continua, cuando en realidad es un conjunto de puntos elementales con determinada modulación en su coloración e intensidad.

Los valores continuos y discontinuos dependen en cierto modo de la posición del observador y del criterio o de las motivaciones con las que se está contemplando un fenómeno. Si la fotografía se examina para su fin usual de recordar una determinada escena, el fenómeno es observado a un nivel de conjunto con un criterio de síntesis, que es el que nos proporciona la visión de continuidad; si la fotografía es por el contrario examinada por zonas y en detalle ayudándonos de una lupa, advertimos todos los matices discontinuos de los elementos que componen el conjunto, merced a nuestra actitud de descender al detalle con criterio de análisis. El análisis y la síntesis, son dos actitudes o criterios de orden dual, y asimismo la continuidad y la discontinuidad se identifican por lo general como complementarias, porque, naturalmente, si en un entorno dual nos movemos, duales han de ser nuestros criterios.

En el propio desarrollo de la especie humana está presente esta complementariedad de los valores continuos con los discontinuos. Por una parte, el Hombre, como unidad individual es en la evolución un elemento cuántico, algo equivalente a esos puntos minúsculos que componen un fotograma. Por otra parte, el desarrollo de la especie ofrece unas trayectorias continuas, soportadas por los arboles genéticos, que están conformados por unos criterios de agrupación basados en la afinidad constitucional. Sucede como si el conjunto de seres que componen la especie pudieran ser contemplados como un mismo cuerpo, naturalmente para un observador que operara a un nivel adecuado de síntesis, con ese mismo punto de vista con el que nosotros observamos un fotograma.

En su carta a los Efesios ya apunta San Pablo esta sugerencia (versículo 3/6) :

> *"....este misterio consiste en que los gentiles son coherederos y miembros de un mismo cuerpo .... "*

y en los tiempos actuales es patente esta dualidad en las bases organizativas de nuestra propia realidad social. Los movimientos políticos se debaten entre dos formulas esenciales de conducción de la sociedad: la que hace prevalecer los valores individuales como células básicas que posibilitan el progreso del sistema y la que antepone los valores colectivos como medio seguro de armonía de conjunto.

La estructura abstracta de los arboles genéticos, tiene unas propiedades y características que permite que las especies sean sistemas en evolución compuestos por las entidades biológicas individuales y sus enlaces de relación genética. La aparición de un nuevo individuo o "nodo" en la especie, es producto del ejercicio de las leyes genéticas después de un apareamiento o entronque entre dos ramas de la especie. Si separamos dos diferentes tipos de arboles genéticos, uno formado exclusivamente par varones y otro formado exclusivamente por hembras (véase figura 1 y su representación en línea continua y línea de trazos), ambas estructuras de relación son estructuras jerárquicas de árbol en las que los individuos pueden ser nodos intermedios o nodos terminales, según tengan o no descendencia. El apareamiento entre dos individuos de distinto sexo para la reproducción, equivale en abstracto al entronque de esos dos arboles genéticos que vienen a estar de esta forma conectados por un eslabón que une a dos nodos o individuos, uno de cada árbol.

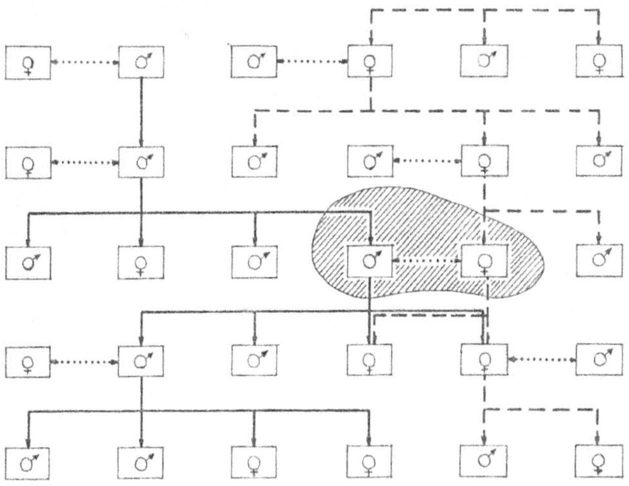

Figura 1

Estos apareamientos que suponen relaciones cruzadas entre los dos tipos de arboles a que nos hemos referido, es una garantía de homogeneidad que impone necesariamente que los dos tipos de árbol evolucionen en paralelo y con el mismo ritmo, haciendo a la vez de la diversidad de características, que es fuente de riqueza de matices, una línea homogénea de evolución. El enlace que el apareamiento supone, es un factor de homogeneidad cuyo ejercicio está asegurado, porque para que un "nodo terminal" de un árbol genético produzca descendientes, es de todo punto imprescindible que mantenga una unión de este tipo:

"....el hombre dejara a su padre y a su madre y se adherirá a su mujer y los dos serán una sola carne ...." (Carta a los Efesios de San Pablo 5/31 y Génesis 3/24).

Esta relación horizontal, es la unión que garantiza que las especies conformen un sistema. Así los arboles no pueden evolucionar por si mismos de manera independiente, sino que necesitan entroncarse constantemente configurando en definitiva una unidad continua a partir de los elementos individuales. El árbol hembra, es el árbol genético de infraestructura en el que se materializa la morfogénesis, pero esta maravilla de "ingeniería biológica " no tiene lugar sin el árbol masculino, que es el elemento activo de fertilidad.

También puede contemplarse otra estructura abstracta de relación (figura 2) considerando el conjunto de progenitores ascendentes en la jerarquía para un determinado individuo, es decir la estructura que permite relacionar a un individuo con los dos padres, y estos a su vez con los padres respectivos y así sucesivamente. Esta estructura es un "árbol binario estricto" en el que el individuo en cuestión es el elemento "raíz" (nodo A), y tiene todo un conjunto de propiedades abstractas expresables por la lógica binaria que a simple vista en él se advierte.

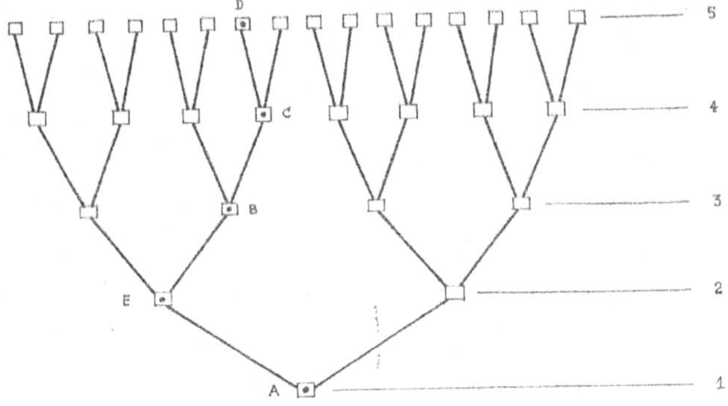

Figura 2

Cada antepasado del individuo en cuestión está conectado con él a través de una única línea de descendencia (ejemplo: línea D, C, B, E, A), y entre cada dos individuos intermedios del árbol solamente hay una línea única de enlace que pasa necesariamente por el elemento raíz. No obstante, el árbol binario estricto invertido de la figura 2, pierde por lo general sus características estructurales al profundizar en la historia de las generaciones y también en ocasiones incluso en el entorno de las 5 generaciones que se representan en la figura 2. Nos estamos refiriendo a los cruces entre elementos de la misma estirpe lo que supone que un mismo individuo figure como antecesor de mas de

54

un individuo integrante del árbol binario. En estos casos, se produce una ruptura de la estructura de árbol que pasa a convertirse en una estructura de "red", en la cual existen "circuitos" que rompen para algunos nodos afectados la característica antes señalada de que la línea de enlace entre dos individuos del mismo árbol sea única.

En cierto modo, la Naturaleza parece defenderse de esta posibilidad, protegiendo la estructura de árbol en los elementos mas próximos a la raíz del árbol, y de hecho se comprueba que las razas de padres de una misma estirpe tienden a tornarse estériles. El incesto es a nivel ético y moral execrable, e incluso el apareamiento entre familiares próximos se suele prevenir en la sociedad actual por las contraindicaciones tradicionales de mayores posibilidades de fracasos genéticos en la descendencia. Los textos bíblicos se refieren a ello constantemente como fórmula de concienciación.

Cada individuo recibe la mitad del número total de sus genes de cada uno de sus padres y así el individuo raíz del árbol binario es un compendio de todas las características de los individuos que le anteceden, aunque en su desarrollo y comportamiento haya unas características dominantes que prevalezcan. Las mutaciones y recombinaciones de genes proporcionan los valores añadidos que hacen evolucionar la especie y la influencia de un progenitor en la estirpe se va diluyendo al avanzar las generaciones. Las leyes de la herencia proporcionan los criterios de dominancia o recesividad de los caracteres transmitidos, y desde el punto de vista estético-especulativo es una verdadera lástima que el Lamarkismo esté descartado por la ciencia, porque las propiedades de los árboles binarios permitirían concebir interesantes formulaciones sobre la evolución de las especies en la hipótesis de que los caracteres adquiridos fueran heredables.

Quizás a partir de que Delbrück comprobara que las mutaciones genéticas son independientes del medio, se descartó en la Ciencia la transmisión del conocimiento adquirido en la experiencia de vida por vía genética, aunque pueda haber nuevos hallazgos al respecto. Aunque no quepa pensar en una revisión de las conclusiones actuales, está claro que nuestro conocimiento del fenómeno hereditario tendrá que irse complementando con nuevas aportaciones científicas, y puede que algún día lo que hoy atribuimos al azar resulte ser producto de leyes o estar condicionado en parte por procesos ya analizados.

En cualquier caso no hay herencia sin apareamiento y éste depende del entorno social, porque solo pueden aparearse los individuos, macho y hembra, que pertenezcan al mismo entorno y hayan podido entrar en contacto. En cuanto mayor es el entorno de los dos individuos que se aparean más probable es que sean mas diferentes y su unión tenga mas contraste y contribuya a que el desarrollo evolutivo se acelere. Las razas híbridas son mas fértiles y exuberantes aunque sin embargo los individuos tiendan a unirse con otros de características intelectuales afines.

La excesiva relación de híbridos no suele partir de un desarrollo natural, porque aunque los potenciales genéticos se enriquezcan al mezclar estirpes diferentes, existen umbrales que no pueden sobrepasarse exigiéndose afinidad en los entronques, lo que viene a ser como un mandato natural del que tenemos muy antiguas referencias:

> *"Guardareis mis Estatutos. No aparearas tu ganado siendo de diferente especie, ni sembraras tu campo con dos especies de semillas, ni llevarás sobre ti vestido de tejido de doble especie, híbrida."* (Levítico 19/19).

En lo que respecta a la inteligencia como valor añadido en las generaciones, parece advertirse una fertilidad diferencial negativa, y es comprobable en el mundo real que a mayor inteligencia de los individuos menos se reproduce una rama o estirpe. La tendencia de los genes de la inteligencia es aditiva, y con respecto a la inteligencia es notable la tendencia que hemos apuntado de que los matrimonios se realicen entre personas similares. Habría que meditar si hacia el futuro esta fertilidad diferencial negativa puede llegar a producir una descapitalización intelectual, o simplemente es una limitación más que impone el orden de la evolución para que los núcleos intelectuales se diluyan y abonen en consecuencia por igual la especie persiguiendo la homogeneidad.

Par otra parte, el extraordinario progreso de las técnicas de comunicación ha ensanchado exponencialmente el entorno de los seres humanos y la homogeneidad se esta obteniendo cada vez en mayor medida por la vía social de relación. A ello contribuyen en forma decisiva los medios de comunicación social como la prensa, radio, televisión, libros, redes sociales, turismo ….etc., por lo que el factor apareamiento tiene una influencia cada vez menor en el desarrollo social de la especie. Ello concuerda con la disminución del índice demográfico en los pueblos más desarrollados, circunstancia derivada de los requerimientos del medio y de la civilización, pero circunstancia que pudiera tener un contenido finalista.

La eugenesia natural ha permitido que el ser humano progrese. El cerebro humano aumenta de tamaño y la progresión de la civilización humana demuestra que la evolución ha producido resultados positivos.

Sin embargo, hay tendencias actuales generadas por vía social que van en sentido contrario. Factores naturales de selección, como las condiciones climáticas o los procesos patológicos, están desactivándose por las consecuciones de la civilización, aunque hay que reconocer que el propio avance de la civilización genera nuevos tipos de enfermedades. La selectividad que antes se aplicaba de forma natural pero con rigor a los menos dotados físicamente, ahora actúa en el plano psíquico marginando a los débiles mentales que fracasan. Las enfermedades derivadas del estrés están causando estragos, aunque el factor psíquico tiene que estar respaldado por un soporte biológico suficiente. Es notable el significado de las enfermedades cardiovasculares actualmente en progresión.

La civilización protege a los débiles, mantiene paternalmente a los inadaptados, justifica la libre reproducción de los subnormales y débiles mentales y se empeña en prolongar la vida de los individuos acudiendo a procedimientos artificiales. El mejoramiento hereditario de las especies mediante apareamientos selectivos o por otros medios, está puesto en cuarentena cuando se trata del ser humano, y temas como el aborto terapéutico dividen apasionadamente a la sociedad.

La Moral y la Ética son creaciones artificiales no identificables en el orden natural y tienen una dinámica de cambio que está siendo sobrepasada por la evolución que es inexorable. No puede suponerse que los valores morales y éticos vayan a ser inamovibles ni ofrecer resistencias insuperables, por lo que la moral social está en proceso de transformación.

Los individuos somos simples eslabones de la cadena de la evolución que es un fenómeno que nos domina. Cualesquiera que sean nuestros valores éticos y morales individuales, la humanidad irá imponiendo sus tendencias eugenésicas. Habrá factores eugenésicos de tipo negativo que actualmente nuestra ética vigente condena, como el aborto terapéutico, porque la progresión de débiles mentales y de subnormales es notable, y se impondrán razones de eficiencia que son indeseables a nivel individual, porque el ser humano está condenado a manejar a la vez criterios contrapuestos.

La Eugenesia aportará técnicas preventivas y permitirá la "predicción" de resultados mediante la evaluación de las características genéticas de los individuos. Ello, tanto por un mayor conocimiento del fenómeno genético, como por las mayores posibilidades organizativas para la abstracción, manejando grandes bases empíricas de la experiencia real registrada.

El ser humano ha penetrado ya decisivamente dentro de la célula. Una mitocondria era hace medio siglo un elemento con forma de bastoncillo; hoy el microscopio electrónico ha penetrado dentro de esta mitocondria y ha descubierto todo un universo interno. El acido desoxirribonucleico está ya sintetizado, y el proceso de artificialización actual nos lleva a profundizar en las aplicaciones de la ingeniería genética, que permitirá intervenir en la "construcción" de nuestra descendencia.

La Ética y la Moral no bastarán para alumbrar al ser humano en los nuevos caminos que emprende y surgirán criterios sociales de mayor rango que presidan la mayor responsabilidad que el ser humano tendrá en su propia evolución. Una nueva bioética social abordará el control del crecimiento de la población como uno de los primeros objetivos de la escalada, porque los factores naturales de selección y control están aparentemente empezando a colapsar desbordados por la artificialización del medio.

Muchas funciones que la Naturaleza ejercía de oficio pasarán a ser pilotadas por el Hombre y el ensanchamiento constante de nuestra Conciencia Exterior tendrá que crecer en paralelo con la mayor responsabilidad en la conducción de nuestro propio destino. Además, el destino de la especie y la trayectoria futura de los individuos es un horizonte que continuamente habrá que prospectar, aunque avanzando hacia él tengamos también mayor conciencia de su lejanía.

Los planteamientos políticos de conducción de nuestra sociedad necesitan estar alumbrados por la conciencia de nuestro destino, para que nuestros objetivos sean relevantes y nuestras escalas de valores se fortalezcan. La continuidad de la especie humana seguirá siendo por tiempos materia de esencial consideración y quizás también sea nuestro reto social en la aventura de la vida.

1.6.- ¿Tenemos continuidad o somos un eslabón ?

Aunque el comportamiento de las sociedades humanas parezca muchas veces que atenta contra el progreso de la vida humana y aunque sigan existiendo guerras, represiones, marginaciones, insolidaridad entre razas y comunidades, y demás actividades regresivas, en paralelo, los núcleos intelectuales y ambientes políticos están preocupados por el futuro de la Humanidad.

Los movimientos políticos más consistentes proponen esquemas conceptuales para el desarrollo de la sociedad, supuestamente basados en la motivación de conseguir un futuro mejor, mientras que otros movimientos políticos aspiran simplemente al poder. Sin embargo el acceso al poder se produce por la valoración emocional que hagan los ciudadanos de las declaraciones de los líderes políticos y de la imagen mediática que consigan proyectar.

La valoración del ideario que proponen los partidos políticos y sus consecuencias a largo plazo solo son materia de atención para reducidas minorías intelectuales. No obstante, los partidos políticos van revisando sus propuestas ideológicas de acuerdo con los cauces por los que se produce el desarrollo social. Los movimientos radicales se van adaptando a las nuevas situaciones y modifican a veces también radicalmente sus postulados, como por ejemplo ha hecho el ideario comunista al aceptar hoy en día convivir con la economía de mercado.

Las diferentes posiciones políticas tratan de apuntar a un mismo horizonte de progreso aunque el camino de acceso que proponen sea diferente, igual que desde varios lugares geográficamente dispersos se ve la misma imagen del sol en el horizonte. Los centros donde reside el poder de adoptar decisiones que puedan influir significativamente en el desarrollo de la sociedad, y en definitiva del progreso de la civilización humana, tienen medios suficientes para valorar adonde pueden conducir sus ideas e intenciones, y hay que suponer que los países, potencias, ideologías y razas se esfuerzan en buscar fórmulas de cooperación para el tratamiento común de las cuestiones que tienen carácter universal.

Así surgen movimientos multinacionales, en lo político, en lo económico, en lo social y en lo existencial, cuando antes solo la ciencia ocupaba los lugares comunes. Ello pone de manifiesto que estamos en una transición, pasando de lo trascendente de la etapa del conocimiento a la etapa de la acción. Los niveles de conciencia adquiridos nos llevan a juzgar nuestros resultados, a prospectar las tendencias de futuro y en definitiva a plantearnos cada vez con mayor intensidad los problemas de supervivencia de las sociedades y los programas correctivos a aplicar.

La Ecología es en estos momentos una ciencia de actualidad, y los movimientos ecológicos han rebasado las fronteras y se constituyen en líneas de acción política cada vez más influyentes. El medio ambiente está degradado y la evolución de nuestras razas y nuestra Sociedad se ve amenazada, pues en la medida en que se modifica el ecosistema se reconfigura el equilibrio en la Naturaleza.

La ruptura del Medio está siendo un hecho. El ciclo del agua se produce con alteraciones cada vez más frecuentes e importantes. La evaporación del agua del mar se ve alterada por la amortiguación de la radiación solar producida por las partículas de aceite en suspensión que va incorporando la atmósfera, y así, la meteorología de nuestro planeta está experimentando importantes modificaciones que influyen en los procesos biológicos. Cada vez que utilizamos un espray parece ser que producimos un "agujero" en la capa de ozono que protege la atmosfera y el fenómeno de la polución parece que ya afecta en alguna medida hasta a las zonas polares, donde una modificación de los espectros de absorción y reflexión de los hielos puede tener consecuencias importantes.

Los recursos energéticos están constituyendo importantes condicionantes en el desarrollo social y tenemos ya delante de nosotros una amenaza en su escasez. Cierto es que el petróleo será sustituido por otras fuentes de energía, pero esto será a costa de dramáticos cambios en las industrias y las tecnologías y a costa de un importante estrés social. El aprovechamiento de la energía solar, a primera vista ilimitada con respecto a nuestra capacidad de absorberla, tiene la dificultad de que dependerá de "ciclos" naturales, porque la radiación sigue unos caminos que el Hombre difícilmente someterá a control. La fusión nuclear todavía no somos capaces de controlarla para utilizar el hidrogeno como fuente de energía, pero cuando lo logremos, tendremos mejor resuelto el problema energético, sin tanta dependencia "natural", pero no sabemos cuál será el impacto del cambio y el "desgaste" que habrá producido en el Hombre.

Hay que tener presente que también tenemos planteado un problema alimentario con tendencia a la escasez. Los ríos, los bosques, y la fauna se deterioran y el futuro está en los alimentos sintéticos. Pero todo este panorama va en detrimento de nuestra capacidad orgánica, porque la Civilización se está produciendo con una considerable recesión fisiológica. El hombre está cada vez menos cualificado de potencias naturales y es más vulnerable y menos capaz en comparación física con los animales, y aunque prolonga cada vez más su vida y cada vez es más poderoso, ello es a base de su progreso en el conocimiento y por la consiguiente aplicación de los medios artificiales. En contraste, como unidad fisiológica, el Hombre es cada vez mas crítico, con una incidencia progresiva de las posibilidades de enfermedad en general, de problemas psíquicos e incluso de accidentes. Depende en definitiva cada vez mas de su entorno para mantenerse.

Es natural que los movimientos ecológicos prendan con fuerza en estas condiciones, y también es natural que surjan tendencias antagonistas de rechace de la civilización, porque las conciencias débiles o muy "castigadas" tienden a rehuir la responsabilidad y las actitudes regresivas de vuelta al orden natural siempre tendrán su clientela. Muchos planteamientos espiritualistas y existenciales tienen ésta vocación y están proliferando, y no es casualidad que las religiones orientales acrecienten su influencia con unos criterios básicos que están muy en esta línea.

En estos estados de crisis, los hombres, a nivel de comunidades sociales, tienen la tentación de replegarse y buscar la felicidad huyendo de su conciencia. Así se postula internacionalmente la necesidad de restablecer los equilibrios ecológicos naturales y se lucha contra las centrales nucleares, o contra las concentraciones industriales, cuando todos sabemos que el proceso industrial es irreversible y que el equilibrio de la Naturaleza tendrá que ser ayudado artificialmente.

El medio ambiente está deteriorado, pero esto no tiene solución y lo que habrá que hacer es compensarlo de forma artificial para que pueda seguir sirviendo a nuestro proceso evolutivo. El Hombre tendrá que

62

aportar cada vez mas soluciones sintéticas aunque sean en realidad obtenidas previamente de la Naturaleza que es de donde obtenemos nuestro conocimiento y abstraemos nuestras concepciones. La enseñanza que la Naturaleza nos proporciona será la base con la que tendremos que ir poco a poco programando a la propia Naturaleza.

Quizás la Ecología como ciencia se esté quedando a un nivel simplemente operativo pero no finalista, y sirva solo para que la artificialización de la Naturaleza pueda irse realizando lo mas racionalmente posible. Quiere decirse que la Ecología nos podrá indicar como compensar con plantaciones, depuraciones, estudios de localización... etc., el deterioro que produce una instalación industrial, pero no creo que esté "autorizada" a aconsejar o desaconsejar los ritmos de progreso de la tecnología, ni la oportunidad de adoptar o desechar soluciones industriales. Esto sería objeto de una Neo-ecología que incorporara criterios finalistas, que desde luego estuviera más despegada de la Naturaleza, prescindiendo en principio de servidumbres, y que aceptara como postulado la irreversibilidad del progreso de la Ciencia y de sus aplicaciones.

El futuro del Hombre está como veremos rodeado de grandes problemas, y en principio la continuidad de la especie dependerá del éxito que tenga en controlar los procesos de equilibrio que antes eran naturales y ahora necesitan de la intervención humana. Sin embargo, aunque el Hombre sepa responder a este reto de la Naturaleza, encontrará limitaciones para poder continuar la escalada de conocimiento, porque hoy ya sentimos a nivel individual esta dificultad. Cada vez hay que aprender mas cosas en la vida y ya en la actualidad, los presupuestos que los diferentes países dedican a la educación de los ciudadanos, son muy elevados y generalmente superiores a los correspondientes a otras actividades departamentales.

Las personas cada vez dedican una etapa más dilatada de su vida a su propia formación, porque sus "cabezas" son almacén de "páginas en blanco" que cada vez habrán de ir recibiendo mayor volumen de conocimiento. Si realmente es cierto que el conocimiento adquirido en la vida no se transmite por vía genética, el panorama es de preocupar porque llegará un momento de grave desproporción entre la duración de la vida y el tiempo necesario para el aprendizaje.

El Hombre, si quiere tener continuidad en la evolución, tendrá que diseñar nuevas formas de aprendizaje. O bien consigue modificar sus propias esencias biológicas para incorporar la memoria genética a su fisiología, lo que parece improbable, o bien, encuentra un procedimiento para incorporar a los cerebros de los niños que nacen "paquetes" de conocimiento. La primera aproximación supone la alteración de los esquemas básicos de la especie, que viene a equivaler a sustituir nuestra especie por otra línea de evolución más avanzada, lo que entra en el plano de la ciencia ficción. La segunda aproximación, es en estos momentos especulativa pero ya se vislumbra próxima, porque se está investigando en profundidad en los mecanismos de materialización de la información, y parece cercano el día en que por vía neurofisiológica, se pueda incorporar "experiencia" a los individuos, igual que a un computador se le incorporan nuevos programas.

Entretanto, las vías del aprendizaje cada vez son más largas y cada vez tienen más obstáculos. El racionalismo creciente sistematiza las fórmulas de incorporar conocimiento, pero a su vez restringe la vía analógica para la asimilación de experiencias. La lógica es solamente un instrumento para ir incorporando criterios, y el acerbo cultural propio es cada vez para los individuos más difícil de consolidar.

En la vida moderna, cada vez las responsabilidades se ejercen a edades más tempranas, y sin embargo, en contraste, también se encuentran cada vez a menor edad más oportunidades para el ocio y la vida intranscendente. La mayor responsabilidad requiere mayor experiencia y es un contrasentido que la primera se tienda a contraer cada vez más pronto y la segunda cueste cada vez más adquirirla.

La especialización ciertamente permite reducir los periodos de aprendizaje, pero ello tiene sus límites y sus contraindicaciones, y en todo caso en las raíces de las jerarquías sociales y profesionales, siempre tendrán que existir generalistas que hagan planteamientos globales y puedan abordar las grandes decisiones con el debido conocimiento. Los generalistas ya escasean en la actualidad, o mejor dicho, ya hemos detectado la dificultad para que se formen y accedan a sus posiciones de destino en la sociedad.

Quizá el mayor interrogante acerca de nuestra continuidad, esté en el hecho de si seremos capaces de encontrar y aplicar el método para la asimilación automática de conocimiento a la que antes nos referíamos, antes de que nuestra Sociedad comience a derrumbarse por la creciente descompensación entre la etapa de vida y las etapas necesarias para el aprendizaje. Si llegamos a tiempo, el Hombre seguirá progresando en una nueva etapa de posibilidades infinitamente superiores a las actuales, porque habrá superado el gap genético, pero si no llegamos a tiempo, la especie humana pasara por el trance de desaparecer.

En este último caso, habrá que preguntarse por donde continuará la obra de la evolución, si el esfuerzo del Hombre habría resultado ser estéril, o por el contrario habrá sabido ofrecerse como eslabón en la cadena de la evolución permitiendo una continuidad. La continuidad del hombre estaría en este último caso encarnada por las realizaciones artificiales que haya sido capaz de producir hasta su caída vertical y en las oportunidades que estas consecuciones sintéticas y abstractas tengan para poder progresar por sí mismas. En caso negativo, la experiencia humana habrá fracasado y la obra de la evolución tendrá que provocar a nivel superior nuevas cadenas de desarrollo.

Entretanto, el Hombre crea cada vez máquinas más perfectas y desarrolladas, pero también cada vez depende más de ellas. El computador electrónico se está utilizando de forma generalizada en la Sociedad desde hace escasamente 20 o 25 años, y ya no es concebible prescindir de su concurrencia. Somos "ayudados" por nuestros propios instrumentos, pero estos necesitan constantemente de nuestra intervención para ir mejorándolos, y si no logramos hacerlos progresar nos convertimos en victimas de sus limitaciones.

Por otra parte, comenzamos ya a ser esclavos de las máquinas. La simbiosis hombre-máquina ha permitido importantes resultados en las realizaciones industriales, pero ello es a costa de que el Hombre se esté mecanizando a la vez que "humaniza" a las máquinas. La argumentación de que la mecanización de procedimientos libera al Hombre de actividades rutinarias para permitirle ser más creativo, es una especie de falacia dialéctica. A nivel práctico, los criterios organizativos que en la Sociedad se aplican, vienen a poner de manifiesto que las necesidades de individuos creativos y pensantes corresponden a una minoría, y que a nivel de hombre-masa la creatividad está incluso contraindicada.

En el actual estado de cosas, las máquinas están progresando espectacularmente y la inteligencia, aunque en formas elementales, está siendo incorporada a ellas. Las máquinas comienzan a tener criterios y pueden encarnar nuestras propias "fórmulas" técnicas sin que en contrapartida reciban nuestros condicionantes existenciales. Es decir, la máquina del futuro va a ser una máquina racional pero no emotiva. Además, las máquinas que nosotros vamos perfeccionando, no tendrán porque tener el problema de la transmisión de conocimiento, porque la forma de "reproducirse" está por diseñar y los esquemas racionales artificiales se irán consolidando en forma acumulativa.

Ya en la actualidad, los computadores electrónicos participan en el diseño de sus sucesores bajo la dirección creativa del Hombre. En el futuro puede pensarse como perfectamente conseguible, que las máquinas sean autodidactas, que lleguen a tener objetivos propios y que puedan llegar a reproducirse. Si ya en estos momentos las máquinas nos son indispensables para la vida, en el futuro pueden llegar a ser el soporte básico de ésta.

Tengamos en cuenta que el computador no ha hecho nada más que aparecer y ha supuesto una verdadera revolución industrial y social. Sus futuros desarrollos son inimaginables y muy poca gente puede hacerse la idea de como será un computador dentro de cinco mil años.

La competencia entre el Hombre y la Máquina está ya planteada, y quien siga aferrado a la idea de que siempre el Hombre estará por encima de la Máquina, es víctima de la ilusión o del prejuicio. La política del avestruz puede ser peligrosa porque la vida está basada en la competitividad y el desafío Hombre-Máquina hay que asumirlo con todas sus consecuencias. O bien el Hombre logra resolver la adquisición "material" de conocimiento y en este caso seguirá teniendo una larga trayectoria de progreso, o inevitablemente el Hombre colapsará y la Máquina tomará el relevo.

2.- Sobre la vida del Hombre

El fenómeno de la Vida, es tan importante para nosotros y estamos tan condicionados por él, que nos resulta muy difícil definirlo, justificarlo y, en todo caso, comprenderlo. Por esto, los biólogos se aproximan al concepto de Vida por la vía empírica, y convienen en que un organismo está vivo cuando en él se observan una serie de características que la experiencia ha consagrado como atributos observables en los seres que nuestra Conciencia reconoce generalmente como vivos.

Sin embargo, el umbral de la Vida y la Muerte esta todavía sin explorar. Cuando un ser muere, ciertamente advertimos que cesa su actividad como unidad de acción, pero en él se siguen desarrollando procesos vitales, sigue existiendo actividad orgánica y hay células que continúan reproduciéndose. Es en cierto modo sobrecogedor el hecho de que a un cadáver le crezca el pelo o las uñas, o la circunstancia de que siga registrando ciertas actividades musculares reflejas. Sin embargo, nuestra Conciencia identifica generalmente la Muerte porque va acompañada del fenómeno relevante de la ruptura del ser como unidad de acción.

Un organismo penetra en el umbral de la Vida cuando confluyen en el determinadas condiciones organizativas que lo configuran como una unidad o "sistema" con objetivos propios y consecuentemente con ciertos grados de libertad o autonomía. Igualmente, un ser vivo deja de serlo y atraviesa el umbral de la Muerte cuando ese conjunto de propiedades organizativas y atributos intrínsecos se degradan y se produce la ruptura.

La Vida es un fenómeno que hay que abordarlo por la lógica de sistemas y no es una casualidad que el concepto de Sistema tampoco sea definible. No disponemos de definiciones suficientemente potentes que puedan expresar que es un Sistema, pero sin embargo, sabemos describir y formular con precisión las características observables en las entidades que de una manera intuitiva reconocemos como Sistemas. Y ello lo podemos utilizar como una lista de comprobación para poder chequear en un momento dado, si un conjunto de elementos se comporta como un Sistema o por el contrario agrupa a entidades relativamente independientes.

Con todas las dificultades que entraña manejar conceptos y analizar propiedades sin disponer de un planteamiento formal excesivamente concreto, el fenómeno de la Vida se identifica en la práctica por medio del análisis de las características observables que hemos llegado a considerar como circunstancias íntimamente asociadas a la Vida, que vienen a ser de hecho condiciones necesarias para que la aventura de la Vida pueda producirse. Examinemos algunas de ellas, quizá las de rasgo más general y abstracto:

- **Propiedades de relación entre partes constituyentes**.
  Los órganos que forman parte de un Sistema vivo están relacionados entre ellos, en mayor o menor grado, de forma que las circunstancias por las que atraviesa un órgano determinado no son ajenas del todo a los demás órganos. Es decir, un órgano influye en alguna medida en el resto del Sistema y viceversa, dicho órgano es a su vez influido. Es una interrelación entre las partes del organismo, y entre sus atributos y experiencias, de forma que en el Sistema vivo existe una cohesión, y ningún elemento que integra el Sistema cabe considerarlo como unidad de acción autóno-

ma cuyo comportamiento pueda ser del todo independiente.

- **Propiedades asociativa y distributiva**.
  Los Sistemas vivos disponen de una organizaci6n física jerarquizada a través de las propiedades asociativa y distributiva. Un Sistema puede ser dividido en sub-sistemas como por ejemplo el
  cuerpo humano puede ser dividido en el sistema circulatorio, en
  el sistema nervioso, ... etc., y cada sub-sistema puede a su vez ser
  examinado como si se tratara de una unidad autónoma, aunque
  por supuesto su actividad siempre estará subordinada al Sistema
  superior.

  Análogamente, diferentes sistemas pueden componer un súper-
  sistema como por ejemplo un conjunto de células forman un tejido o un conjunto de personas componen una familia. Los sistemas individuales seguirán conservando su identidad y manifestaciones propias, pero el súper-sistema que componen puede ser a
  su vez una entidad analizable bajo los mismos criterios.

  Las propiedades asociativa y distributiva de los sistemas aportan
  un contenido de modularidad que está presente en la obra de la
  Naturaleza y que reconocemos como principio básico en la arquitectura de los sistemas complejos. Las partes que constituyen un
  sistema tienen entidad propia y se comportan como módulos independientes, atendiendo a su vez a propiedades de sistemas, con
  ciertas limitaciones derivadas de los requerimientos de los sistemas superiores. Los módulos componen el sistema superior por
  medio de una estructura, cuya complejidad está en relación con el
  estado de evolución del sistema y el nivel de integración e interrelación que existe entre sus partes.

  La estructura de relación del sistema tiene o puede tener multiplicidad de niveles de jerarquía en los que operan los módulos o
  subsistemas, de tal forma que el nivel de complejidad interno de
  un modulo puede ser mas o menos elevado según sean sus propias características, con cierta independencia del "lugar'" que

ocupa en la estructura de relación.

El Hombre ha tomado conciencia de estas propiedades y ha asimilado el concepto de modularidad incorporándolo como criterio a su obra artificial.

- **Globalidad**.
La característica de globalidad confiere a los sistemas propiedades superiores a la suma de propiedades de sus partes. La estructura de relación que engloba a diferentes módulos y configura un sistema de un nivel superior, aporta a su vez valores añadidos sobre los que tienen los módulos como entidades autónomas.

Así, un tejido como conjunto, tiene unos atributos añadidos por encima de la suma de atributos de las células que lo componen, y una pared tiene mayores características que las aportadas por la suma de ladrillos que la forman.

La estructura de relación que configura un sistema de nivel superior, es un diseño de ingeniería de sistemas que tiene propiedades globales, y le aporta en consecuencia características nuevas que están en consonancia con la actividad ejercida a nivel superior.

- **Objetivos. Dirección y coordinación.**
El pensamiento actual atribuye a los sistemas un contenido finalista y allí donde existe actividad se considera que hay unas metas u objetivos que la motivan, aunque muchas veces no sean identificables para un observador.

La actividad que un sistema ejerce es fruto de su vocación finalista de perseguir determinados objetivos y esto es identificable en los sistemas biológicos. Los objetivos implican a su vez la existencia de una forma de conciencia directora, y de una cierta autonomía o grados de libertad, que permitan que la actividad del sistema pueda estar influida por las propias decisiones, aun cuando siempre existan limitaciones exteriores al sistema que de hecho acoten sus posibilidades de acción.

Informalmente se conviene en que los sistemas vivos son aquellos que tienen objetivos propios y una forma de conciencia para orientar su actividad hacia ellos. Por el contrario no concedemos propiedades vitales a aquellos sistemas en los que su actividad es un accidente que está producido en su totalidad por la influencia exterior. Estos sistemas "en los que todo sucede" sin posibilidad de influir por ellos mismos en el ejercicio de su actividad son sistemas instrumentales, y constituyen procedimientos auxiliares que utilizan los sistemas vivos para sus propios fines. Los objetivos en estos sistemas están impuestos totalmente desde el exterior y la función de dirección es igualmente externa, o bien es ejercida internamente en base a esquemas determinados impuestos desde el exterior.

Si un sistema tiene una arquitectura modular que permite considerarlo como una agrupación ordenada de subsistemas de nivel jerárquico inferior, hay que diferenciar los objetivos del sistema global de los objetivos de los módulos o subsistemas que lo integran. Los objetivos de los subsistemas pueden en parte estar en "conflicto", de forma que el hecho de que un subsistema se aproxime a sus objetivos vaya en detrimento de otros subsistemas que se alejan de los suyos propios. El éxito del sistema está en el equilibrio y armonía con que se resuelva este conflicto de intereses, y la consecución de este equilibrio es tarea de dirección y coordinación.

- **Regulación. Procesos homeostáticos**.
  Si aceptamos esta visión finalista, la actividad de un sistema está encaminada a la consecución de objetivos, pero ello no quiere decir que en todo momento los resultados sean de signo positivo, pues existen acciones antagonistas generadas en el entorno. A lo largo del tiempo sucede que en unas ocasiones el sistema se acerca a sus objetivos mientras que en otras se distancia de ellos, de-

biendo de modificar sus acciones para reorientar la actividad y volver a obtener resultados positivos.

Estos procesos de regulación en busca del equilibrio perdido vienen a constituir una forma de dirección de la actividad, dirección que corresponde a decisiones internas o externas según el sistema sea vivo y consciente o bien sea instrumental. El objetivo de un cuerpo humano de mantener la temperatura de la sangre a un determinado nivel es cubierto por un mecanismo de regulacion que estimula la producción de calor cuando la sangre desciende de temperatura, siendo dirigida la actividad de dicho mecanismo en un centro del cerebro.

La actividad de regulación que se produce en una masa de agua en un recipiente que persigue como objetivo la horizontalidad de su superficie es dirigida por la tuerza de la gravedad que actúa desde el exterior en base a propiedades físicas universales.

- **Ciclos de realimentaci6n de información. *"Feed-back"*, Aprendizaje.**
Si se estimula el mecanismo de producción de calor para contrarrestar un descenso de la temperatura de la sangre, es porque de algún modo se contrasta el valor de dicha temperatura. La decisión se establece en base a la información de estado, y supone un continuo contraste de los resultados obtenidos para variar en consecuencia la actividad reorientándola hacia sus objetivos.

Estos ciclos de información de medida de resultados, son los que hacen posible que la actividad esté controlada. En los sistemas vivos este continuo contraste hace que existan procesos de aprendizaje de forma que la experiencia es acumulada, mejorándose los criterios de decisión con el desarrollo de la actividad.

- **Intercambio de energía e información con el entorno.**
Los sistemas vivos son "sistemas abiertos" que están constantemente intercambiando energía e información con el entorno que

les rodea. Así el mecanismo de producción de calor corporal ha de contrarrestar la influencia de la temperatura externa, porque la variación de la temperatura no es un producto exclusivo de la actividad orgánica interna sino también del intercambio de temperatura que el cuerpo humano establece con el medio ambiente.

- **Entropía.**
Existe evolución mientras sea posible la interacción entre las partes del sistema y ello puede tener lugar mientras existan contrastes o diferencias de potenciales entre dichas partes. Cuando se alcanza la homogeneidad ya no es posible la evolución y se produce la "muerte" de la organización. Es la ley conocida como Segundo Principio de la Termodinámica que tiene un alcance filosófico muy superior al simple fenómeno del intercambio de calor, y que viene a establecer que la actividad se produce por intercambio de niveles de energía y que éste proceso conduce a valores crecientes de la "entropía" o función de estado de homogeneidad.

En los sistemas vivos, que son sistemas abiertos, se identifica un proceso evolutivo que los lleva a fórmulas organizativas cada vez más complejas y diferenciadas, lo que constituye una línea de compensación de la tendencia entrópica. La tendencia al desorden y homogeneidad es compensada con otra tendencia de adquisición de "entropía negativa" que viene a ser algo así como la asimilación de información externa, experiencia, criterios y conocimiento, que produce una adquisición de orden y organización.

Las células, o los animales, o los hombres, o los núcleos sociales.... etc., hay que contemplarlos como sistemas abiertos en constante interacción con el entorno, con una trayectoria existencial que en sus esencias es formulable por la dinámica de sistemas.

La Vida se nos presenta como una aventura irreversible en la que todas las situaciones son cambiantes y ninguna es exactamente repetible. Los seres y los objetos experimentan transformaciones a lo largo de una variable progresiva, el Tiempo, variable que no comprendemos bien pero cuyo concepto viene a sintetizar el hecho cierto de nuestra existencia que ya expresara en la lejanía de la historia Heráclito en forma de dicho popular: "*No es posible bañarse dos veces en el mismo río*".

Un objeto o entidad y sus atributos están asociados permanentemente a las coordenadas del Tiempo, y la experiencia de la vida es para un ser una trayectoria en el continuo espacio-tiempo, y nuestra idea de la continuidad estará sustentada siempre por los criterios que manejamos con respecto al Tiempo.

El Tiempo es para nosotros la escala de medida sobre la que ejercemos nuestra actividad y en ella nos comportamos como sistemas abiertos, como unidades de acción con objetivos propios y con nuestra capacidad de reproducirnos a imagen y semejanza, siendo portadores de una empresa que necesita de la continuidad con un desafío permanente al futuro.

A lo largo del tiempo el Hombre opera en la vida intercambiando energía e información con el medio ambiente, "construyendo" por una parte su transformación física y adquiriendo por otro lado un potencial de organización con el fruto de su experiencia. La experiencia es utilizada en un proceso de aprendizaje como fórmula de mejorar los criterios y ser mas eficaz en el ejercicio de la actividad. Así el Hombre enriquece en su camino el potencial de conocimiento mientras en paralelo va entregando al medio ambiente su potencial de acción. La Información que el Hombre capta del entorno viene a transformarse en acción pues es utilizada para modificar el comportamiento.

El Hombre como sistema, es una entidad que en relación con el medio ambiente ejerce dos funciones relevantes que destacamos en abstracto sobre las demás:

- Obtención de información del medio
- Acción ejercida sobre el medio

funciones para cuya realización dispone de una cierta autonomía, y para las que en consecuencia puede ejercer sus criterios de decisión seleccionando posibles alternativas dentro de los grados de libertad de que dispone.

Para la obtención de datos del escenario el Hombre está dotado de unos órganos de percepción y para influir en el medio dispone de unos mecanismos de acción. La percepción y la acción tienen lugar en cada momento histórico que para el Hombre, siempre esclavo del factor tiempo, determinan lo que llamamos "Sucesos ", que vienen a ser unas entidades de naturaleza cuántica y carácter subjetivo en las que se formalizan estas dos funciones.

El Suceso solo tiene un valor práctico si tiene una relación subjetiva con al menos un individuo, bien porque simplemente sea contemplado, o en mayor medida, si además ha sido un escenario de actuación. El suceso será real para el sujeto que lo contempla, aunque como procedimiento social hemos convenido los hombres en objetivar los sucesos, y así convenimos en denominar a un suceso como real, desde un punto de vista social, cuando dicho suceso es, al menos en sus esencias, descrito de la misma forma por diferentes sujetos que lo contemplan. Esta convención es tan empírica y elemental como necesaria, y tiene un entronque importante con esa otra convención objetiva que manejamos, que es el reloj como instrumento soporte de nuestro concepto de tiempo.

Sin embargo, tenemos serias contradicciones derivadas de estas formulaciones convencionales. Los sucesos están asociados a "imágenes" y las imágenes que los sujetos "procesan" tienen carácter subjetivo porque están derivadas de las infraestructuras individuales. Además, la imagen no solo es para el hombre la "fotografía" de un suceso, sino que la imagen es en abstracto una unidad de proceso que se maneja también para formular proposiciones de acción o para formalizar sensaciones no necesariamente vinculadas a objetos del entorno. Tales son las imágenes "vividas" en los sueños o en otros estados de conciencia diferentes a la vigilia, o incluso en ciertas patologías, como pudiera ser la esquizofrenia, o situaciones excepcionales como puedan ser la fiebre elevada o el *delirium tremens*.

Las imágenes de este tipo, es decir, desvinculadas de una conexión con el entorno físico, se organizan generalmente en una secuencia ordenada homologable con una cadena continua de sucesos subjetivos, y esta vivencia que el sujeto experimenta. no es objetivable porque no es observable por otros sujetos. Así la necesidad social de objetivar los sucesos y sus imágenes entra en contradicción con situaciones que por no ser objetivables, su estudio no puede ser abordado con estos convencionalismos. Sin embargo, no disponemos todavía de los suficientes recursos sociales para soslayar estas dificultades, e incurrimos incluso en la paradoja de explicar los fenómenos subjetivos con fórmulas artificialmente objetivadas. La Psicología ha tenido un auge extraordinario en los últimos tiempos y aunque muchas veces opera sobre cimientos poco sólidos e incluso paradójicos, demuestra por otra parte que puede utilizarse para obtener conclusiones válidas, y esto en definitiva es la esencia más relevante.

Por otro lado, la Ciencia se está aproximando al mundo de las imágenes subjetivas, y la Neurofisiología está abriendo e incluso rellenando una "página" importante del conocimiento. Está sometido a debate el mecanismo de materialización de la información y la correlación entre los patrones cerebrales y su significación ideológica. La materia incluida en el cerebro como cristalización de la información recibida y la expresión de las ideas como consecuencia de esquemas cerebrales de interrelación de la materia, son aspectos duales de una misma realidad.

2.1. La actividad y el progreso

A lo largo de una cadena de sucesos el Hombre va desarrollando su capacidad de acción y en paralelo va obteniendo información. Suceso a suceso adquiere cantidades crecientes de datos y está en disposición de ampliar su conocimiento, lo que naturalmente revertirá al entorno mejorando su capacidad para la acción o influencia sobre el Medio, aunque ello ocurrirá en la medida en que sus estructuras sean capaces de asimilar la experiencia y ejercer la función de aprendizaje.

En la figura 3 representamos en forma simbólica la línea de progresión que un individuo "traza" a lo largo de su vida. En un eje, se representa la escala de tiempos que constituye una coordenada progresiva irreversible de la que dependemos. En otro eje, se sitúan los niveles de información que hay que entenderlos también como líneas de progresión irreversibles, porque la capacidad de percepción del individuo, siempre está en marcha y continuamente está captando información. El tercer eje, simboliza las cotas de conocimiento que el individuo alcanza en cada momento de su vida, ello suponiendo que tuviéramos un procedimiento para cuantificar de una manera global el nivel de conocimiento que el individuo en un momento determinado ostenta.

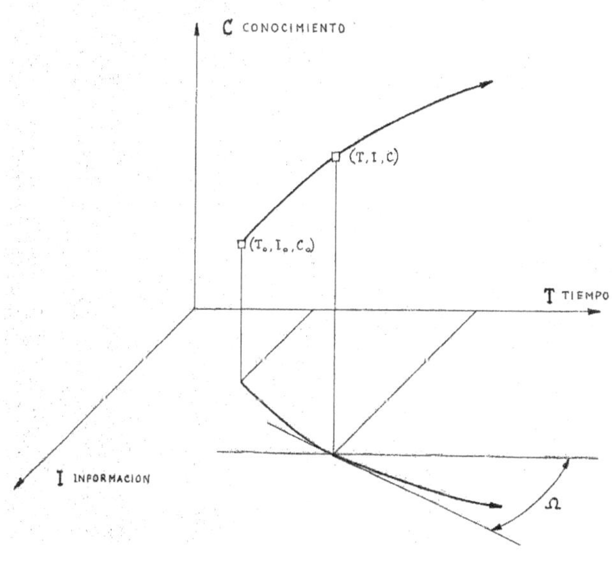

Figura 3

Entendamos por "conocimiento" una medida del "potencial de acción" que el individuo en cuestión puede poner en juego, distinguiendo por lo tanto lo que son datos y lo que son criterios. Los datos constituyen un caudal informativo que trabajan en la escala que hemos denominado I (información), mientras que los criterios son valores que se acreditan en el eje de los conocimientos.

Sin entrar en considerar cual es el montante inicial de información y conocimiento que un individuo recibe por la genética, cuestión actualmente muy debatida por la Ciencia, en abstracto, en el nacimiento, el punto de partida lo representamos como un punto inicial, de coordenadas To, Io, Co sobre el que en cada momento de su trayectoria vital ira acreditando unos valores T, I, C con los que contribuye al proceso de desarrollo social e influencia sobre el entorno, en una medida condicionada por la dosificación de las tres componentes.

El ángulo Ω es una medida de la amplitud del entorno en el que el individuo se mueve. A mayor ángulo de entorno, mayor nivel de percepciones recibe, y esta riqueza de estímulos, se traduce en la obtención de más información. Además, la Acción y la Información, son valores estrechamente vinculados, porque el mayor y menor nivel de información que un individuo percibe, está directamente vinculado al mayor o menor nivel de actividad que el individuo registra. Por eso, podemos convenir que el ángulo Ω es también en términos de promedio, una medida de la actividad y suponiendo que la curva simbólica que hemos representado, pudiera ser objeto de un tratamiento matemático, podríamos establecer:

$$\text{Actividad} = \partial I / \partial T$$

que expresa la medida del nivel de actividad que en cada momento el individuo pone en juego como la medida del incremento de información que obtiene en la unidad de tiempo.

A mayor ángulo Ω y a mayores niveles de actividad, el individuo va obteniendo más experiencias, más estímulos, más percepción y, por lo tanto, más información. Sin embargo, ello no quiere decir que todo se traduzca en mayor conocimiento, porque la transformación de datos a criterios, es un proceso metabólico cuyos resultados dependen esencialmente de la capacidad intelectual y condiciones psico-biológicas del individuo. En principio, sí hay que convenir que a mayor nivel de información, más conocimiento se obtiene en términos de probabilidad, pero la relación no solo no es directa, sino que puede presentar perfiles extraordinariamente diferentes, dependiendo de las individualidades y de las especies.

Podemos contemplar la inteligencia como la capacidad de extraer conocimiento de la información disponible, lo que se refleja en la siguiente igualdad:

$$\text{Inteligencia} = \partial C / \partial I$$

por la que convenimos en que a partir de la misma base de información, diferentes individuos extraerán diferentes niveles de conocimiento, según sea su capacidad intelectual. Así, los individuos más inteligentes. estarán en condiciones de escalar en su trayectoria existencial mayores cotas diferenciales de conocimiento.

En cuanto mayor es el potencial de acción, lo que mantiene cierta relación con el nivel de conocimiento, hay más actividad y se adquiere más conocimiento en la medida que lo permita el índice de inteligencia. La inteligencia viene a ser un factor de calidad que el individuo aplica para canalizar su actuación. Sin embargo hay que señalar que la asociación que hemos apuntado entre actividad e información tiene mayores matices de complejidad que ya examinaremos en una segunda aproximación, porque en realidad hay otras vías de información, y por tanto de conocimiento, que son en cierto modo independientes de la actividad, y que se establecen en virtud de las propiedades de relación del individuo con el entorno.

Los niveles de potencial de acción que el individuo puede movilizar y que vienen a ser un producto del nivel de conocimiento, los podemos asociar a los niveles de Conciencia Interior y vienen a componer el área operativa del individuo. La Conciencia Interior constituye la base de organización y el paquete de procedimientos que el individuo aplica al formalizar su programa de acción. La Inteligencia viene a ser la capacidad de metabolizar información sintetizando nuevos criterios y está asociada a la Conciencia Exterior que es el área de los objetivos.

La Conciencia Exterior ejerce la dirección de la Actividad a un nivel superior, estableciendo las metas o propósitos de acción que la maquinaria operativa interior habrá de programar en detalle y poner en ejecución a través de los instrumentos de acción. Por otra parte, a nivel de Conciencia Interior operan determinados mecanismos de defensa, especie de filtros o volantes de inercia que garantizan ciertos objetivos estructurales, como el de la supervivencia, que son defendidos de una coyuntural proposición de acción que atentara contra la estabilidad. Es, como en toda obra bien diseñada, un compromiso entre la estructura y la coyuntura que ha de estar cuidadosamente dosificado en una escala de valores y prioridades organizadas como un mosaico jerarquizado en la Conciencia Interior.

La progresión del individuo en sus cotas de conocimiento a lo largo del tiempo se realiza con un ritmo:

$$\text{Progresión} = \partial C/\partial T$$

con el que se produce su contribución por vía social a la obra de la Evolución. Aunque está en entredicho la posibilidad de que el Hombre transmita su conocimiento por vía genética, en el plano social el Hombre dejará su obra a través de sus creaciones y comunicaciones, posibilitando que sus sucesores tengan ante sí un entorno más enriquecido y mas aprehensible y su progreso pueda tener lugar con mayor rendimiento.

Por esto en el mundo actual, el aprendizaje está considerado como la clave del progreso, y a ello dedican los países cuantiosas masas de dinero con la esperanza de poder mantener un ritmo creciente en la adquisición de conocimiento frente a la angustia de que cada vez es cuantitativamente mayor el volumen de datos y criterios a asimilar. El proyecto "*Learning*" del Club de Roma es un índice de como se ha identificado esta necesidad como piedra angular del desarrollo social. O se encuentran fórmulas para perfeccionar el aprendizaje y hacer más eficiente el proceso de "metabolismo" de la información, o nuestro desarrollo humano "tocará techo" y comenzará a colapsar nuestra sociedad, abandonada a un mantenimiento vegetativo que es inestable porque es generador de multiplicidad de problemas, de disponibilidad de recursos energéticos, de recursos alimenticios, de deterioro del medio ambiente....etc., que requieren del progreso científico y tecnológico para ser superados o al menos debidamente abordados.

En la figura 4 representamos la proyección en el plano TC de las "trayectorias" de los individuos de un grupo social, reflejando en ordenadas los "niveles de conocimiento" o potenciales para actuar organizadamente, y en abscisas la escala de tiempos. El conjunto de potenciales $C1$, $C2$, $C3$ .... etc., viene a ser el potencial de la colectividad, lo que no debe de obtenerse de una simple suma sino que el equilibrio e integración de los individuos en el grupo social debe de aportar a estos valores añadidos para que el grupo sea coherente y se comporte como un sistema. Si ello sucede, los potenciales individuales tendrán una determinada distribución F (t, c) que en el instante "t" hemos representado en la figura 4 abatida sobre el plano TC con un perfil de distribución normal sin que ello quiera presuponer que ésta sea la función más conveniente.

La línea L viene a ser la trayectoria de progreso del grupo social que se ha representado ascendente porque los grupos humanos se comportan estadísticamente en este sentido. En el caso de las especies animales la pendiente de la curva L es infinitesimal respecto de nuestra capacidad de medida, al menos en los segmentos de tiempo en los que la capacidad de observación de la especie humana puede identificar progresiones.

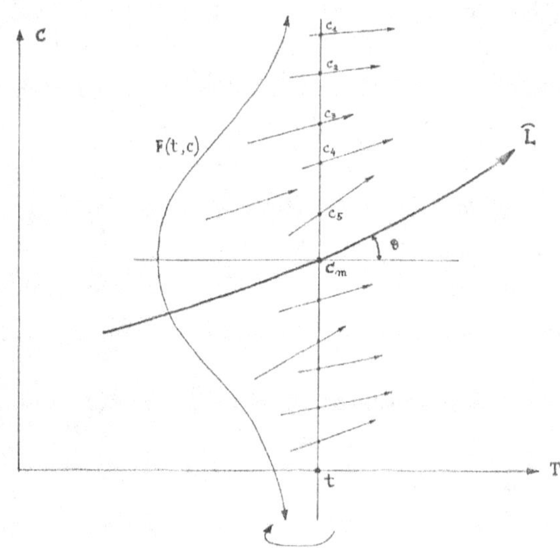

Figura 4

La línea de progreso social constituye un factor selectivo del Medio que incidirá en el desarrollo genético, porque la función biológica tendrá que aportar una línea de evolución que pueda estar a la altura de las exigencias del Medio, o de otro modo las especies colapsarán por falta de viabilidad.

La progresión social determinará que la función F (t, c) se vaya probablemente "alargando" porque el aumento creciente de la complejidad en nuestra civilización, necesita cubrir mayor número de niveles de acción, y así, el que la curva L sea ascendente supondrá que muchas trayectorias individuales del conjunto social se vayan "horizontalizando", que es en definitiva la especialización y estabilización que absorberá a las ramas inferiores. La función F (t, c) tendrá que ir consolidando nodos inferiores para que el nodo director pueda seguir escalando cotas crecientes de conocimiento.

Estas consideraciones no se pueden "traducir" al plano político porque la conciencia política no está todavía suficientemente desarrollada. Es paradójico que se estén planteando en estos momentos en el mundo programas "sociales" que pretenden la distribución de la riqueza física y la igualación de potenciales económicos y sin embargo estamos organizando una sociedad que tiende a producir élites intelectuales cada vez más distantes.

Mientras en las Cámaras legislativas se debaten nuevas oportunidades de repartir la riqueza material con más "justicia", se van consolidando verdaderos ghettos intelectuales y se van estableciendo "templos" elitistas de la Ciencia. Si en el pasado un simple pastor abandonado en la montaña podía autodidácticamente llegar a tener acceso a las academias de la Ciencia, ahora en los tiempos actuales habrá de contentarse con escalar su "calidad de vida". El amaestramiento se hace hoy imprescindible y además está dirigido, sin que el criterio de selección pueda ni siquiera llegar a ser objetivo.

Cuando se lleguen a vislumbrar los extremos que describe Huxley en su "*Mundo feliz* ", la política quizás ocupe un "nodo" intermedio y sea una especialización más que formalmente ejerza funciones operativas, una especie de Conciencia Interior Social a la que se le ha escapado el control de los objetivos superiores. Las élites intelectuales son las que condicionan fundamentalmente la línea de progresión social. Y en países de vanguardia, con una acción política muy dirigida, se están creando en paralelo grandes "ciudades científicas" aisladas, donde se construye el progreso a espaldas del ciudadano medio, "capitalizándose" el conocimiento e incluso consolidándose genéticamente con la propiedad aditiva de los genes de la inteligencia.

2.2.- Unidades organizadas para la acción

La experiencia es para el Hombre un instrumento de control que le permite contrastar los objetivos específicos de sus actuaciones con los resultados que de ellas se obtienen, enjuiciamiento que utilizará para perfeccionar el ejercicio de su actividad. Estos mecanismos de "*feed-*

back", son básicos en la concepción teleonómica de la actividad humana, y los datos que el individuo capta de los sucesos, constituyen en alguna manera experiencia para su intervención en los sucesos futuros.

Los datos son manejados organizados en Imágenes, que vienen a ser una especie de clichés sensoriales o esquemas cerebrales, que tienen una configuración cuántica y unitaria que el Hombre puede procesar en una determinada unidad de tiempo. Esta unidad de tiempo es la que Von Uexldill denomina como Instante, y viene a corresponder a una fracción de segundo (1/18) que constituye un umbral por debajo del cual el Hombre no puede discriminar Imágenes en su percepción.

Ésta unidad de tiempo es un parámetro de tipo subjetivo que varía de unas personas a otras entre un pequeño rango, y de unas especies a otras en una mayor medida. Este parámetro es una consecuencia de la capacidad de respuesta y de las inercias físico-químicas de los mecanismos de la percepción y de la asociación de "esquemas" neuronales.

Las Imágenes son soportes rudimentarios de la realidad, que han sido formulados subjetivamente con un criterio básico de rendimiento y por lo tanto de suficiencia. Las Imágenes son modelos muy simplificados de la realidad, y la condición que regula la relación entre realidad y modelo, es la de que la Imagen se limita a incorporar los detalles estrictamente suficientes que el individuo pueda necesitar para enriquecer su experiencia.

Las Imágenes tienen por lo tanto, una vocación operativa y no precisan de la riqueza de detalles, lo que por otra parte, proporciona un contenido de confusión, porque a mayor grado de detalle, la Imagen es más caótica y de mayor complejidad su manejo. Así, la captación de información se traduce en Imágenes extraídas de los sucesos, y estas Imágenes son formulaciones muy sintéticas de las "escenas" contempladas.

Dualmente, todo parece también indicar que la organización de los procedimientos de acción se formula igualmente por Imágenes que

84

constituyen proposiciones, una especie de previsión de la cadena de sucesos en la que el individuo va a incidir. Estas Imágenes propuestas son un producto de la experiencia propia, seleccionadas como válidas para actuar en un momento dado con unos objetivos específicos, incluyendo evaluaciones en la distancia y en el tiempo, y constituyen en definitiva el producto útil de toda la información acumulada.

Estas Imágenes, el Hombre las convierte en Acción logrando la equivalencia en la medida de su conocimiento y capacidad para ser eficaz en la tarea propuesta.

Esta capacidad de organizar la Acción, constituye el ejercicio de la función de dirección que siempre acompaña a los seres vivos, y es un proceso que el Hombre en su aventura de "artificialización" está aplicando a su propia obra. En el propio mundo de las organizaciones humanas, la función directiva está identificada como una tarea de "construcción" de decisiones a partir de unas posibles alternativas que se evalúan en base a la información disponible. Es decir, se utiliza información y se decide, y el resultado es la puesta en marcha de una determinada acción que los centros operativos ejecutarán.

El centro director de los procedimientos operativos del individuo viene a ser la Conciencia Interior, también denominada Subconsciente o Inconsciente, y es el subsistema donde se controla el contraste entre las Imágenes que el Hombre propone para la Acción y las Imágenes resultado de la Acción ya realizada. Este contraste es básico para que el individuo se enriquezca y mejore los planteamientos de su actividad y por eso es requisito indispensable la percepción como función.

Si la percepción no es operada correctamente y las Imágenes recibidas son defectuosas, el centro de control, la Conciencia Interior, no podrá ejercer su actividad de contraste en buenas condiciones y el resultado será incierto. Si por el contrario, la función de captación de información está suficientemente bien desempeñada, la actividad que el individuo se formule, será una consecuencia de la calidad de su Conciencia Interior como centro coordinador y de los recursos de conocimiento que la experiencia le ha ido proporcionando.

La Conciencia Interior es el centro de coordinación y control del desarrollo de la actividad del individuo, para lo que utiliza un conjunto de criterios que constituyen su principal patrimonio. Estos criterios están quizá formalizados por unas Imágenes de soporte acuñadas por la experiencia y homologadas por el propio sujeto como validas para su utilización. Los criterios son aplicados sobre situaciones y como respuesta al desarrollo de objetivos específicos ante dichas situaciones. Para ello, se utilizan igualmente imágenes de datos correspondientes a dichas situaciones e incluso a otras análogas anteriormente vividas.

Soporte de este régimen operativo, es la función de almacenamiento de información, función interna que está a disposición de la Conciencia Interior. Las Imágenes de datos y las Imágenes de soporte de los criterios, están almacenadas formando un subsistema organizado como Base de Datos de gran capacidad.

Esta Base de Datos es la "biblioteca" de la experiencia donde van a alojarse las imágenes captadas del entorno, e igualmente constituye la fuente de recursos informáticos que alimenta a la Conciencia Interior para el ejercido de la dirección y el control operativo de la actividad del individuo. El subsistema de Base de Datos tiene a su vez una actividad interna de "fermentación" de la información a la que posteriormente nos referiremos.

La Conciencia Interior es capaz de seleccionar criterios de acción y en general cualquier "imagen de archivo" almacenada en la Base de Datos, lo que constituye la materia prima para su actividad productiva. La actividad del individuo conviene contemplarla a tres diferentes niveles en relación con la participación de su Conciencia Interior:

- Actividad ante el entorno.
- Actividad interna al sistema necesaria para su mantenimiento como unidad biofísica (mantenimiento energético).
- Actividad también interna para mantenimiento de las estructuras

86

psíquicas de conocimiento (mantenimiento informático).

La actividad ejercida ante el entorno, es programada previamente por la Conciencia Interior mediante unas cadenas de Imágenes que constituyen directrices para los mecanismos de acción (véase figura 5), siendo estas cadenas de Imágenes posteriormente actualizadas o corregidas en función de los resultados que el individuo obtiene en su actividad.

Todo parece indicar que la actividad no se "fabrica" en cada instante, sino por un plan o secuencia de acciones elementales programadas que se formalizan en estas cadenas de Imágenes. Y de forma continua, existe un proceso de readaptación o corrección para concretar en mayor medida las proposiciones de acción en cuanto más cercano en el tiempo está el correspondiente suceso en el que van a incidir.

Esta forma de actuación es identificable en nuestra vida cotidiana. Cuando nos disponemos a iniciar una pequeña carrera para salvar un obstáculo que tenemos a unos metros de distancia, generalmente tenemos ya una idea clara de cuáles han de ser nuestros pasos, y conocemos cual es el pie con el que vamos a saltar y cuál es la zona donde vamos a batir para iniciar el salto, e incluso podemos concretar en nuestra mente con suficiente precisión, la forma en la que vamos a recibirnos después de dicho salto. Naturalmente, la cadena de Imágenes que previamente nos hemos formado, será más probable y supondrá una programación más perfecta, en la medida en que más maduros seamos y más experiencia hayamos adquirido en este tipo de actividad.

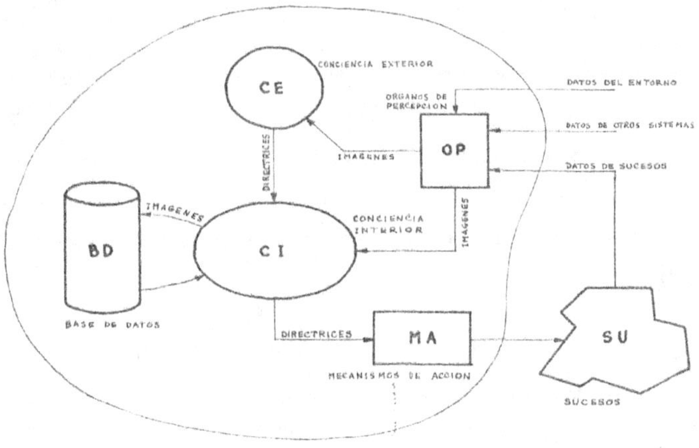

Figura 5

Acabaremos siendo "maestros" en esta actividad mediante el ejercicio continuado, porque la experiencia acumulada nos permitirá disponer de un criterio suficientemente generalizado para el salto, que tendrá aplicación universal para las diferentes distancias, alturas, tipos de terreno y de obstáculos,....etc., y que estará sancionado y homologado como válido por nuestra Conciencia Interior.

Este proceso está muy relacionado con la "confianza en si mismo" y la seguridad de una persona, aunque no debe entenderse que exista una correlación lineal entre el nivel de conocimiento y la "soltura" ante las diferentes situaciones. Un nivel determinado de experiencia puede ofrecer garantías de éxito para la conciencia de un individuo mientras que para otro puede ser motivo de alarma, porque las acciones elementales no son unidades aisladas sino que están enmarcadas en todo un sistema de acción para satisfacer a todo un paquete de objetivos. Incluso para el mismo individuo, su grado de confianza en la programación de su actividad será diferente, a tenor de la relevancia que en su escala de valores conceda a cada situación.

Naturalmente, esta actividad de saltar un obstáculo, por remitirnos a un ejemplo, impone por razón de tipo físico un conjunto de limitaciones de las que el individuo no puede sustraerse, y es obvio que a medida que el obstáculo sea de mayor altura o longitud, la cadena de Imágenes tiene que ser mas nítida, porque el individuo se acerca al umbral de sus posibilidades físicas. Y en cuanto más nítida queremos formalizar una Imagen, más desciende la probabilidad de que llegue a ser consagrada por la realidad. Quiere decirse que un salto de tipo elemental, está programado por Imágenes que disponen de más holgura para ser posteriormente corregidas, porque se dispone de una flexibilidad basada en la capacidad del individuo para cumplir ese objetivo.

Por el contrario, la acción en situaciones de límite o de umbral, como pudiera ser enfrentarse a alturas record en una competición atlética, precisa de unas cadenas de Imágenes que tienen escaso margen de maniobra, y por lo tanto puede suceder que durante la trayectoria previa al salto, se llegue al conocimiento de que el objetivo no va a ser cumplido. Son identificables también en la vida práctica estas circunstancias de "salto nulo" o de "derribo". Basta reflexionar un poco, para advertir mucho ejemplos como este que en nuestra vida diaria nos ponen de manifiesto este constante enjuiciamiento y evaluación de nuestras situaciones de futuro.

Además, en cuanto más lejanos hacia el futuro están los próximos Sucesos en los que intervendremos, mas sintéticas son nuestras "programaciones" internas. Lo mismo que en forma simétrica tiene lugar con las Imágenes históricas de las que utilizamos mayores detalles en cuanto más recientes son, y se "desdibujan" gradualmente, con el paso del tiempo.

La experiencia pasada proporciona al individuo los criterios con los que su Conciencia Interior construye las cadenas de Imágenes. Sin entrar en la polémica de si se heredan criterios transmitidos físicamente o simplemente se mejoran las infraestructuras para formalizarlos, está claro que diferentes especies de individuos construyen sus procedimientos de acción a partir de diferentes niveles iniciales de conocimiento.

La curva de persecución que sigue un canino, por ejemplo cuando se impone el objetivo de alcanzar una presa, obedece a planteamientos más rudimentarios que la que el Hombre en las mismas condiciones se plantearía. El criterio que el canino aplica, impone la corrección de Imágenes futuras propuestas para la acción, en base a la percepción de la distancia y de la línea de referencia que en cada instante le separa de su futura presa. El Hombre maneja un criterio superior, pues además de este enjuiciamiento, es capaz de valorar la trayectoria que está siguiendo el móvil perseguido, integrando el área barrida por ambas trayectorias, la suya y la de su presa, y obteniendo conclusiones que corrigen la acción buscando "atajos".

Plantea en definitiva una curva de persecución de longitud menor que la correspondiente de los caninos, naturalmente para las mismas condiciones de velocidad. No es una casualidad que un can tenga mayores características de tipo físico, velocidad, resistencia,....etc., que el Hombre, porque necesita suplir con potencial físico lo que sus calidades intelectuales no pueden proporcionarle, aunque por supuesto existen muchas otras motivaciones que separan éstas características de ambas especies, todas ellas presididas por un principio de economía.

El aprendizaje, es una función natural identificable cuyo ejercicio está catalizado por el nivel de conocimiento del individuo. A mayor conocimiento hay mayor síntesis de conclusiones para un mismo proceso experimental. Si consideramos la operación de lanzar un objeto para alcanzar un blanco, y dicha actividad la ejercemos repetidamente, la evolución del tren de Imágenes prospectivas tomará en consideración las síntesis concluidas en las experiencias previas, y así, el procedimiento de acción irá siendo perfeccionado, lo que se consigue con mayor rapidez en cuanto más elevadas sean nuestras potencias iniciales para enfrentarnos a este tipo de objetivos.

El mecanismo de control de tiro de una batería antiaérea, constituye un ejemplo análogo de las soluciones paralelas que el Hombre dispone en su obra artificial para reproducir estas funciones. A mayor precisión del mecanismo, con más rapidez se verifica la corrección de la punte-
90

ría. Por estos motivos, las baterías ligeras de campaña han de ser constantemente movilizadas de posición, porque con muy pocos disparos experimentales existen procedimientos que determinan su localización geográfica.

Volviendo a las tres naturalezas de actividad que hemos identificado para la Conciencia Interior, nos vamos a referir a la actividad de mantenimiento energético que necesita ejercer el individuo para conservar sus propiedades como Sistema. Mediante estas funciones, la Conciencia Interior dirige, planifica y controla, los procesos homeostáticos que hacen posible la vida, manteniendo las constantes fisiológicas acotadas dentro de unos límites que el Sistema requiere para poder comportarse como tal. Así mantenemos unos procesos destinados a conservar la temperatura de la sangre, la presión arterial, el PH de los tejidos, ... etc. Esta actividad es completamente interna con respecto de los sucesos a los que antes nos hemos referido, aunque por supuesto, tiene un entronque con el entorno del individuo, porque las condiciones del medio son siempre ciertamente factores condicionantes.

La actividad de mantenimiento biofísico, está posiblemente organizada también bajo los mismos patrones que la actividad orientada al exterior a la que antes nos hemos referido. Sin embargo, las Imágenes procesadas, son desde luego subjetivas, y en ningún caso están vinculadas a sucesos objetivos externos. Esta actividad es irrenunciable para el individuo, hasta tal punto que al fracasar en su ejercicio se propicie la muerte o ruptura del Sistema. Aún encontrándose el individuo en el más profundo de los sueños o en un estado de conciencia que permita el máximo reposo energético, esta función continúa siendo ejercida aunque se realice a menores niveles de consumo.

La actividad de mantenimiento informático, es la función rectora del "metabolismo" de la información que maneja el individuo. Viene a ser como la tarea de administración de la Base de Datos a la que nos hemos referido para mantener su patrimonio cultural en las condiciones óptimas para la acción. Ello requiere una constante elaboración de imágenes de experiencias pasadas, y reorganización de toda su lógica de interrelación, lo que permite que de los datos históricos captados por nuestros órganos de percepción se vayan sedimentando criterios universales válidos para actuar.

Para ello, la Conciencia Interior ha de disponer unos procedimientos internos de "*housekeeping*" que estarán también presididos por cadenas de imágenes, aunque estas Imágenes no serán procesadas en relación con sucesos o acontecimientos externos. Por eso, no podemos relacionar estas Imágenes vinculándolas a experiencias pertenecientes a la actividad ante el entorno, aunque ciertamente es ésta última actividad la que enriquece nuestro conocimiento y la causa generadora de la actividad informática.

Quizás suceda que cuando un individuo se encuentra en un estado profundo de relax o duerme tendido en el lecho durante la pausa nocturna, sea cuando la Conciencia Interior proceda a ejercer con mayor prioridad la actividad informática, habida cuenta de que atendiendo al principio general de economía, es en éstas circunstancias cuando la actividad energética requiere un menor consumo. En estado de relax, liberamos a nuestra Conciencia Interior de gran parte de sus solicitaciones, y se nos sugiere este periodo como el más adecuado para reorganizar nuestros criterios y los datos experimentales acumulados durante el anterior periodo de vigilia. Por eso, quizá convenga replantear el fenómeno de las "vivencias" acaecidas durante los sueños desde unos planos más elevados de pensamiento, porque el hecho de que se adviertan correlaciones con la vida real vivida durante los sucesos, no constituye quizá el valor más relevante, sino que pudiese ocurrir que esto sea un simple subproducto.

De todas formas, una experiencia soñada por un individuo es un episodio subjetivo, y analizarlo bajo patrones objetivos es tan problemático que nos debe invitar a tratar con mucha cautela cualquier conclusión derivada de éste tipo de análisis. Por otro lado, los criterios que son destilados por la experiencia, están formalizados utilizando la Imagen como soporte, y es probable que su realización incluya simbolismos y analogías que no tienen entidad si los separamos de los crite-
92

rios que conforman. Quiere decirse que las imágenes sobre las que se edifican los criterios, pueden pertenecer a situaciones desvinculadas de la realidad. Los datos que el individuo capta, son valores digitales que el proceso de metabolismo informático acabará transformando en analogías.

Dicho en otras palabras, si se somete a un individuo a un proceso de hipnosis y se opera en él una regresión en edad se puede obtener descripción de las vivencias de su historia pasada, pero en ocasiones hay indicios de que muchas escenas reportadas, son "historias simbólicas" organizadas que, para el individuo en cuestión, aportan las conclusiones que realmente extrajo de su experiencia real y pragmática. Con ésta observación no se pretende criticar el valor terapéutico de estas técnicas para eliminar fuentes de trauma psíquico, como se está ya haciendo en consultas de psiquiatras, porque tanto da operar con la historia real, como con la analogía simbólica. De hecho, la comunicación entre individuos, está sujeta a vehículos de tipo simbólico de los que necesariamente hemos de servirnos.

Las fabulaciones planteadas durante la pausa nocturna, e incluso en pequeña medida durante la vigilia, también pueden estar afectas al servicio de los procesos homeostáticos. Las experiencias de los sueños pueden constituir actividades correctoras en el contexto fisiológico interno del individuo. El sueño erótico es quizás una muestra de este tipo de proposiciones oníricas que todos hemos tenido oportunidad de contrastar. El objeto formal de un sueño de este tipo parece radicar en la búsqueda de un nivel de equilibrio hormonal que ajuste la capacidad sexual del sujeto y dosifique la intervención de esta actividad en otras funciones vitales ciertamente con ésta interrelacionadas.

Sin embargo, el sujeto construye toda una fabulación que "justifique" en algún modo sus objetivos formales, porque la capacidad coordinadora de la Conciencia Interior responde a motivaciones globales del individuo y es preciso "manejar" imágenes vivenciales. La selectividad se realiza a nivel de imágenes y la actividad de la Conciencia Interior no puede discriminar los subobjetivos parciales que persiguen sus procedimientos, porque el conjunto tiene que ser armónico y formar un sistema y estos conjuntos son en definitiva las vivencias. Un tren de imágenes que constituya un proceso de actividad en la Conciencia Interior, tiene que estar organizado en secuencia tal que dicho proceso pueda constituir una vivencia, aunque esta vivencia resulte ser una situación de tipo absurdo como mucha veces sucede de hecho en nuestros sueños nocturnos.

Estas vivencias vienen a ser procesos en los que la Conciencia Interior trabaja "en vacío", desembragada de la conexión con los sucesos externos al individuo, al menos en gran medida. No obstante, ésta desvinculación entre vivencias y sucesos "objetivos" no es exclusiva de las situaciones oníricas porque también se producen en los periodos de vigilia aunque ello ocurra en pequeña cuantía por lo general. La "actitud" de justificación de nuestros actos es desplegada también en estado de vigilia, y es lo que vulgarmente llamamos imaginación la actividad que imprime un carácter subjetivo a nuestras percepciones de la realidad y a nuestras proposiciones de acción. El término "soñar despierto" denota claramente este ejercicio.

El clásico sueño del niño que todavía no controla sus esfínteres y realiza una micción en la etapa nocturna, es toda una vivencia fabulada que reproduce una situación en la que puede "encajarse" el objetivo final de tipo fisiológico, que así se justifica enmarcado en el simbolismo de procedimiento que el sujeto tiene almacenado en su Base de Datos. Realmente, pasar de la defecación y micción incontrolada a la situación experimental de justificar vivencialmente esta actividad como acto social ejercido en determinadas condiciones y con ciertas limitaciones, es pasar un umbral importante que conduce al control perfeccionado de la actividad y no tiene nada de extraño que la micción nocturna de los niños que están próximos a pasar dicho umbral sea identificado por algunos médicos como una situación de "llamada a la Madre". Este umbral equivale a la ruptura de un nuevo "cordón umbilical" de los muchos que el Hombre va cortando en su vida.

La Conciencia Interior es el centro de control operativo de todas estas
94

cadenas de vivencias que permite atender a la consecución de objetivos de tipo estándar dentro de unos límites acotados de variación. La disponibilidad de la Conciencia Interior no es atributo exclusivo del Hombre sino que está presente en cualquier sistema vivo como característica esencial. Lo que quizás distinga al Hombre es disponer de una Conciencia Exterior que le permite como valor añadido ejercer una actividad de "juicio externo" que hace posible que el Hombre pueda formular y controlar objetivos de finalidad a un nivel muy superior a las solicitaciones circunstanciales del entorno.

La Conciencia Interior es el centro de operación y coordinación del sistema mientras que la Conciencia Exterior es el centro superior de decisión. Aquella controla el desarrollo de los procedimientos de acción y percepción, ésta controla los objetivos ante el entorno, es decir la finalidad.

Acudiendo a la analogía cabe referirnos a la comparación que ya en 1956 formuló Norbert Wiener entre el Sistema Nervioso del Hombre y el Computador u Ordenador electrónico, analogía que tiene un gran interés dentro del proceso de artificialización del Hombre, a la que nos referiremos de nuevo más adelante. Quizás el planteamiento de Wiener no viene exactamente al caso porque no es correcto tender un simple paralelismo, ya que los niveles organizativos de ambos sistemas no son homogéneos y pertenecen a categorías muy distantes, pero si es útil el fondo de la idea para clarificar un poco nuestra línea de razonamiento.

El Sistema Operativo de un Computador es el paquete de software de control y servicio del conjunto o Sistema y coordina en base a secuencias de Instrucciones el procedimiento operativo, organizando las secuencias de proceso en la Unidad Central de Proceso y controlando los registros de información de acuerdo con las especificaciones formuladas en los programas. El esquema es análogo al que hemos formulado de actuación de la Conciencia Interior.

Sin embargo el Sistema Operativo del Ordenador al igual que la Conciencia Interior del Hombre es ajeno al contenido de finalidad última que tiene el conjunto de programas a secuencias de imágenes procesadas. Ambos subsistemas se comportan como herramientas dinámicas cuya orientación hacia sus finalidades se produce externamente. En el caso del Ordenador es la Organización humana la que formula la finalidad de su utilización y planifica su explotación. En el caso del Hombre es la Conciencia Exterior la que se ocupa de los objetivos de mayor nivel.

En la figura 5, podernos distinguir dos diferentes ciclos de realimentación que para su diferenciación vamos a denominar de Regulación y de Control:

- El ciclo de Regulación CI - MA - SU - OP - CI, es coordinado por la Conciencia Interior, y permite el contraste entre las acciones programadas y los resultados conseguidos en el ejercicio de dichas acciones, contraste que permite el "continuo" perfeccionamiento de la programación de imágenes de acción.

- El ciclo de Control CE - CI - MA - SU - OP - CE, es coordinado por la Conciencia Exterior y permite contrastar las órdenes dadas a la Conciencia Interior, como centro subsidiario de control operativo, con los resultados alcanzados ante el entorno.

El ciclo de Control comienza a operar siempre que la Conciencia Exterior enjuicia la actividad pasada, presente o futura del sistema y resuelve incorporar nuevos objetivos o simplemente rectificar otros ya existentes, cosa que en estado de vigilia sucede constantemente.

El ciclo de Regulación es autosuficiente para la coordinación de la actividad, en tanto en cuanto esta actividad se desarrolle dentro de unos límites entre los que la Conciencia Interior tiene capacidad para disponer posibles acciones correctoras. Si estos límites son rebasados, los ciclos de Regulación no pueden continuar coordinando la acción y es preciso el concurso de la Conciencia Exterior para volver a situar el procedimiento de regulación dentro de límites manejables.

96

Es algo así como los dos tornillos que en un microscopio permiten enfocar la imagen que pretendemos observar. Hay un tornillo de aproximación que tiene por misión "llevar" la zona a observar dentro del radio de acción del tornillo de ajuste. Si observamos las diferentes zonas adyacentes a la imagen inicialmente seleccionada, puede suceder que el tornillo de ajuste llegue al límite de su capacidad de regulación, momento en el cual es preciso actuar sobre el tornillo de aproximación para volver a situar dentro de tolerancias al procedimiento de ajuste. Al fin y al cabo estos esquemas técnicos que el Hombre ha dispuesto para operar artificialmente son producto de sus propias condiciones naturales que continuamente está "exteriorizando".

El periodo de los ciclos de Regulación varía de unas especies a otras y también de unas personas a otras dentro de la especie humana, aunque lógicamente en menor medida. Desde luego este periodo es un valor subjetivo que incluso caracteriza al individuo como factor altamente influyente de su comportamiento, si bien el periodo de Regulación es igual para todos los órganos de un mismo individuo, como producto que es de la infraestructura del Sistema Nervioso Central. Este periodo es como una constante universal para todos los subsistemas que pertenecen a un mismo sujeto, y todos los ciclos de Regulación de los subsistemas estarán coordinados por el mismo ritmo universal del sistema.

El periodo de Regulación es un parámetro que aunque tenga la vigencia de constante universal para el interior del sistema, está ciertamente sometido a un ejercicio dinámico y en consecuencia varía como varían los elementos biofísicos de la infraestructura de la que depende. Así el propio procedimiento de regulación general del sistema tiene que coordinar un proceso de equilibrado que mantenga el periodo de regulación dentro de tolerancias.

El periodo de Regulación queda sensiblemente alterado cuando se producen condiciones excepcionales en el organismo, tales como un proceso febril de origen patológico, o en general cualquier modificación drástica de constantes biofísicas producidas por cualquier causa interna o externa. En estos casos se ve desbordada la capacidad de ajuste de este parámetro y se ponen en operación procedimientos más esenciales que pretenderán influir en la causalidad para restablecer el régimen de normalidad. La Escala de Valores o jerarquía de objetivos del individuo antepondrá a cualquier actividad operativa las funciones esenciales que sea preciso ejercer para conservar las potencias del sistema. Los parámetros característicos o constantes fisiológicas son puntos de equilibrio que constituyen objetivos para los procedimientos de homeóstasis que se agrupan en el área de la supervivencia.

EI ciclo de Regulación determina la periodificación de las imágenes que el sujeto recibe a través de sus órganos de percepción, así como la cadencia de tren de imágenes que constituyen la programación de la actividad. Estos trenes de imágenes están en fase con los ciclos de regulación y el periodo de estos ciclos viene a ser el ritmo básico que orquesta la actividad del sistema, algo así como el tono vital.

El ritmo de Regulación determina el número de imágenes que por unidad de tiempo va a captar el individuo de su escenario de actividad, produciéndose una "transducción" de la realidad continua al modelo discontinuo y esquematizado, que es el que se incorpora al patrimonio de información. Esta información es canalizada a través de los órganos de percepción hacia la Conciencia, enriqueciendo los tres modelos básicos que el sujeto manejara en su base de datos:

- Modelo de la propia actividad, procedente de las imágenes que ha captado el sujeto de aquellos sucesos en los que interviene en calidad de protagonista. Es básico para programar la actividad.

- Modelo de la actividad de otros sistemas con los cuales el sujeto mantiene una relación social, lo que permite aportar un conocimiento del comportamiento ajeno y en consecuencia disponer de esta información básica para la propia orientación de la acción.

- Modelo general del entorno, configurado por la percepción general del "escenario".

En este proceso, por el cual los datos o imágenes percibidas pasan a incorporarse a la base de datos para enriquecer estos modelos, la Conciencia Exterior del individuo interviene con una doble vocación:

- Actividad de Crítica.
- Actividad de Organización.

La actividad de crítica supone un constante ejercicio del "juicio social" acerca de los sucesos conocidos, tanto para matizar en mayor medida el conocimiento que los datos captados proporcionan, como para censurar aquellos aspectos de la realidad captada que puedan presentar un contenido de incertidumbre generador de situaciones de conflicto con los esquemas de conocimiento que la Conciencia Interior maneja de forma automática.

La Conciencia Exterior opera comportándose como un filtro, cuyo espectro de transmisión solo permite que lleguen a la Base de Datos aquellas percepciones que aportan un conocimiento útil o en línea con los objetivos que el individuo como Sistema tiene planteados, y en todo caso evite el archivo de toda información que provoque conflictos interiores al Sistema o vulnere sus objetivos.

La actividad de organización de la Conciencia Exterior permite complementar la percepción con un conocimiento añadido, obtenido por interpretación, que es utilizado para la mejor organización y almacenamiento de las imágenes captadas en toda la estructura de datos que el individuo posee.

2.3.- El Tiempo

En nuestros esquemas mentales no podemos situar el concepto de tiempo si no está asociado al fenómeno de la actividad. La dinámica de situaciones cambiantes que nos ofrece la experiencia induce en nuestras conciencias el sentido del tiempo que es en cierto modo el sentido de la irreversibilidad de nuestros actos y de los sucesos en los que intervenimos.

De otra parte se nos hace difícil imaginar que pudiéramos tener conciencia del tiempo si no tuviéramos memoria, porque para identificar el carácter irreversible de los acontecimientos necesitamos poder compararlos y reconocer de esta forma su ordenación en esa escala de un solo camino que es el eje de los tiempos.

También la memoria es una función ligada íntimamente a la actividad, de tal forma que una unidad de acción que no tuviera mecanismos de memoria no podría considerarse como tal sino simplemente un objeto o accidente sin opción para influir en el medio. Sin memoria, los mecanismos de "*feed-back*" no pueden operar y sin la función de regulación no concebimos que un sistema vivo pueda actuar. Actividad, memoria y tiempo son una trinidad para nuestra conciencia.

Los sucesos aislados que recordamos de una cadena de acontecimientos aparecen organizados de acuerdo a un criterio de "anterior" y "posterior", como si una sensación subjetiva primaria del fluir del tiempo nos permitiera ordenar nuestras impresiones y diagnosticar que tal suceso tiene lugar antes que tal otro. Si a cada, suceso de esta cadena le asignamos un número, de forma que para cada par de sucesos el número correspondiente al suceso posterior fuera superior, la cadena de sucesos se correspondería con una escala numerada. Sin embargo, para tener una medida del intervalo entre dos Sucesos, necesitaríamos un reloj, que no es otra cosa que un baremo más o menos estable que nos reporta esta utilidad.

Con el uso del lenguaje, los diferentes individuos pueden contrastar sus percepciones subjetivas y venimos a considerar como realidades objetivas aquellas imágenes sensoriales que se corresponden para los diferentes individuos y tienen por lo tanto carácter impersonal. Así, la concepción del tiempo se logra objetivar con el apoyo de fenómenos físicos que se identifican como reales e independientes de las personas. Todo fenómeno físico, con la condición de que pueda ser repetido exactamente tantas veces como se desee y que tenga la propiedad de que la serie de sucesos que lo componen puedan considerarse iguales entre sí, puede ser considerado como un reloj, aunque no tendrá más título de legitimidad que el de ser útil para justificar nuestros conceptos y representar nuestras experiencias.

El reloj solo puede contemplarse lícitamente en el plano empírico, y además como una herramienta cuya precisión habrá que homologar en relación con el uso que de ella se haga. Todos los relojes que el hombre utiliza en el entorno social están basados en esta idea, desde el reloj de arena en el que la unidad de tiempo es el intervalo que la arena emplea en pasar de un recipiente a otro, pasando por el reloj de péndulo, hasta los más modernos instrumentos de precisión casi perfecta.

El reloj es un elemento que se ha impuesto en todos los ambientes sociales y se ha constituido en juez de nuestros actos. El trabajo, la vida familiar, el ocio, los servicios públicos, las obras, las leyes, el deporte,....etc., se programan y se miden con las coordenadas que nos ofrece el reloj y así ha penetrado en nuestra conciencia como una de las realidades más absolutas que nos rodean, cuando sin embargo paradójicamente está contribuyendo a fortalecer la realidad subjetiva y deformada que nos ofrece el mundo ilusorio de nuestros sentidos.

El concepto de simultaneidad nos aconseja como criterio de medida la utilización de relojes sincronizados, de manera que declaramos los sucesos como simultáneos si los respectivos relojes sincronizados que acompañan a dichos sucesos señalan los mismos instantes de tiempo.

El procedimiento para sincronizar los relojes está fácilmente conseguido, pero la observación de los relojes también habrá de ser simultanea, y si su posición geográfica es distante, el punto de observación deberá estar asistido por un sistema de televisión y además situarse en un lugar equidistante de los puntos observados, porque la propagación de las ondas electromagnéticas que nos llevan las imágenes de los relojes deberán introducir idénticas latencias de tiempo de demora en la observación. Aun así habrá que preguntarse hasta qué punto los fenómenos físicos que encarnan los relojes pueden considerarse equivalentes para intervalos de tiempo sensibles si se están produciendo en coordenadas geográficas diferentes con influencias del medio también diferentes.

Si además, la producción de los sucesos y los relojes que los acompañan tienen lugar siendo variable la distancia que los separa, es decir existiendo un movimiento relativo entre las diferentes posiciones en las que tratamos de identificar la simultaneidad, entonces nos metemos de lleno en la apasionante polémica que tuvo lugar años atrás entre los físicos relativistas y los clásicos.

La medida de simultaneidad de sucesos puede ser diferente para observadores que ocupan posiciones diferentes y si dos sucesos son simultáneos para un observador, para el otro sin embargo puede ser uno anterior y el otro posterior. La teoría de la relatividad vino a revisar estas circunstancias y aportó unos planteamientos de una riqueza estética extraordinaria pero muy difíciles de compaginar con las conciencias comunes del fenómeno temporal. El principio de Lorenz es sugestivo pero nuestros sentidos no pueden incorporarlo de forma natural en compatibilidad con el resto de nuestras concepciones del tiempo y la distancia.

El reloj tiene para nosotros por tanto una vigencia local para ser usado dentro de un entorno limitado, como si a nuestra conciencia le estuviera negado alejarse en la distancia más allá del horizonte. En cuanto más alejado está de nosotros un punto observado, más errática es la imagen que de él tenemos. Si contemplamos la Luna, realmente vemos la posición que ocupaba algún segundo atrás y si miramos el Sol advertimos la imagen y posición que ocupaba hace varios minutos, y cuando nuestros radiotelescopios detectan la explosión de una Nova, recogen un suceso que "realmente" tuvo lugar miles o millones de años atrás. La profundidad de la distancia es para nosotros la profundidad de la Historia, como si las estructuras espaciales y las tempora-
102

les fueran inseparables. El mundo que percibimos está deformado por nuestras limitaciones y viene a ser una proyección ilusoria de lo que desde un punto de vista abstracto podemos llamar realidad.

El reloj es por lo tanto un instrumento limitado, pero especialmente útil para nuestras conciencias también limitadas y su verdadera naturaleza es más social que física. El reloj está marcando el ritmo del fenómeno social que sigue así un curso objetivo incluso con cierta desvinculación de los imperativos naturales. Es una pieza básica en todo el proceso de artificializaci6n que está desarrollando el Hombre. El concepto del tiempo se exterioriza, se hace abstracto y sirve de patrón para la actividad que nos proponemos a nivel de Conciencia Exterior. Sin embargo, para nuestra Conciencia Interior, el tiempo sigue siendo un concepto subjetivo que está asociado a la frecuencia de proceso interior de las "imágenes" de los sucesos y de las "imágenes" generadoras de acción. El ritmo de los ciclos de Regulación es el que preside el tiempo en cada sistema vivo.

El Ciclo de Regulación coordina en el organismo todo un conjunto de ritmos subordinados que controlan las condiciones de operación de los diferentes sistemas fisiológicos, determinando en ellos los puntos de equilibrio más convenientes para el mejor funcionamiento del conjunto. Así, las contracciones mecánicas del corazón siguen un determinado ritmo, o las manifestaciones eléctricas de las células nerviosas, o las secreciones glandulares, o la variación de la temperatura de la sangre, o el metabolismo del potasio, ... etc. Los fenómenos orgánicos tienen en general una estructura rítmica o periódica y los diferentes ritmos del organismo son independientes y se encuentran acoplados en una determinada armonía, formando un sistema, de manera que el organismo está en condiciones normales de operaci6n.

Estos ritmos y los puntos de equilibrio de operación que determinan, tienen lógicamente unos márgenes de ajuste que permiten que ese acoplamiento armónico sea posible en las diferentes situaciones de acción, lo que supone una capacidad de regulación del sistema, y cuando los estados de equilibrio se salen de tolerancias aparecen las situaciones patológicas. Estas pueden ser transitorias, lográndose el retorno al régimen normal o hacerse crónicas, si es que para el sistema ha sido preciso un "reajuste" de ritmos para recuperar la armonía del conjunto.

La capacidad de regulación es la capacidad de conseguir la "armonía" y en consecuencia la potencia de estabilidad del organismo como unidad de acción ante el medio. Si los estados patológicos, bien surgidos por deficiencias internas o por la agresión del medio, no permiten una actividad de regulación convergente hacia el acoplamiento de ritmos, puede presentarse la ruptura del sistema que es un umbral a partir del cual la vida ya no es posible.

La actividad coordinadora de regulación es la que permite al ser vivo mantenerse como una unidad y son los diferentes ritmos los que dosifican la actividad de las diferentes partes del sistema y los que determinan el "desgaste" y la "duración". La Cronobiología se ocupa del análisis de los ritmos en los seres vivos y de identificar los puntos de equilibrio y la armonía entre ellos, lo que ha llevado a una concepción biológica del tiempo como conjunto de fenómenos periódicos que contrasta con la elemental acepción del tiempo que utilizamos en el plano social.

Las frecuencias de los ritmos orgánicos están afectadas no solo por esa necesidad de obtener la armonía interna en los diferentes estados operativos del organismo, sino también por los ritmos físicos del medio ambiente y por los ritmos sociales que las colectividades humanas imponen.

Los ritmos físicos son condicionantes naturales y a la vista están las influencias en los seres vivos del ciclo de 28 días de la Luna, o del ciclo de rotación de la Tierra que determina el día, o del ciclo de rotación alrededor del Sol que imponen las estaciones y toda su influencia climática. Son factores exógenos que constituyen argumentos de entrada no manejables para los procesos internos de regulación.

Los ciclos de los demás planetas o de los demás sistemas estelares o galácticos también influirán a buen seguro en nuestras circunstancias biológicas bien en directo o bien a través de su influencia en las condiciones físicas de nuestro entorno más inmediato. Y es perfectamente lógico considerar la astrología como rama científica que persiga la adquisición de conocimiento en este camino, si bien por el momento no ha sido posible una actividad rigurosa de investigación, aun cuando disponemos de toda una bella perspectiva especulativa elaborada desde tiempo inmemorial aunque su valor sea quizás simplemente de orden estético.

Los ritmos sociales son forzados por el Hombre en su actividad consciente exterior y también condicionan de manera determinante la actividad biológica interna. Además son ritmos artificiales desencarnados de la Naturaleza, y por ello representan una solicitación global mucho más exigente que la correspondiente a los ritmos físicos. El labriego de antaño soportaba mucho mejor la periodicidad natural del día y la noche que el hombre de hoy soporta el reloj que supone en general un agobio constante. La expresión popular de "vivir contra reloj" es elocuente.

La influencia de los fenómenos periódicos físicos es advertida a nivel inconsciente, o mejor dicho a nivel de Conciencia Interior, lo que se advierte en manifestaciones naturales de los animales y en experimentación de laboratorio. La emigración de las aves suele producirse en la dirección norte-sur como si los pájaros advirtieran que una separación sensible de su meridiano habitual supone un desfase de sus ritmos circadianos que ciertamente obligaría a reajustar el "acoplamiento" de su maquinaria biológica. También se observan manifestaciones del ciclo de 24 horas en animales inducidos en laboratorio a vivir en un entorno social con "días" de 16 horas, o en situaciones donde no puedan reconocer el día y la noche.

Los ritmos sociales, por su naturaleza abstracta, han de ser "asimilados" a través de la Conciencia Exterior y suponen una imposición exógena que puede estar en conflicto con la armonía biológica regulada por la Conciencia Interior. La reacción endógena ante estas presiones sociales puede ser antagonista, de rechace, si es figura viable, o bien de búsqueda de adaptación que puede implicar severos procesos de regulación que son fuentes de estrés. De hecho, tanto las situaciones de "contestación social" como los problemas de estrés, vejez prematura, psicopatologías....etc., son crecientes a medida que el desarrollo social progresa.

Las conciencias interiores tienden a "aceptar" las solicitaciones naturales y a "rechazar" las de origen artificial. En la vida diaria podemos comprobar cómo se produce comunidad de intereses y solidaridad humana ante situaciones de "causa mayor" mientras que los planteamientos sociales son siempre objeto de polémica. Hay un sentido de lo inevitable y de lo manejable que opera hasta en los aspectos más elementales de la vida cotidiana. Así podemos observar, por ejemplo, que en un recinto donde la climatización depende de la climatología externa, los individuos que lo ocupan se adaptan y resignan a la temperatura y humedad del ambiente, mientras que si existe un aparato de acondicionamiento del aire, la regulación del mismo es objeto de controversia.

El sentimiento endógeno o subjetivo del fluir del tiempo está fundamentado en los procesos de regulación de los ritmos biológicos, mientras que la sensación racional se relaciona mas con los sucesos externos en los que el Hombre interviene y está por lo tanto acoplada a la realidad social. En los diferentes estados de conciencia varia el acoplamiento entre los ciclos de Regulación y los ciclos de Control, es decir, varía la relación entre la sensación subjetiva del tiempo y la formulación objetiva o social. En estados de vigilia, sueño, relax o trance hipnótico, la sensación del tiempo puede ser muy diferente y todos hemos tenido oportunidad de advertir como en unos breves periodos de sueño hemos "vivido" situaciones de extraordinarias experiencias que parecían ocupar dilatados espacios de tiempo, como si nuestro ritmo de actividad mental se hubiera acelerado de forma increíble.

La observación de los potenciales eléctricos que se registran en la corteza cerebral, desde las primeras investigaciones de Hans Berger, ha venido a corroborar estas impresiones personales, y se identifican las irregularidades de las ondas cerebrales, con los diferentes ritmos de actividad electroquímica del cerebro que se corresponde con las frecuencias de actividad del sistema nervioso. La actividad cortical incluye la percepción de imágenes y la generación de impulsos motores y ciertamente estos potenciales eléctricos son una medida del ritmo vital del sujeto. El tiempo subjetivo esta más en relación con estos ciclos de actividad que con el reloj tradicional, lo mismo, valga la comparación, que para el motor de un automóvil la actividad y el desgaste está más en relación con las revoluciones que con la velocidad del vehículo o el tiempo de reloj.

Incluso en estado de vigilia la sensación del tiempo es variable con los diferentes estados de actividad consciente y en general sentimos que el tiempo fluye más deprisa "si lo llenamos" de acción y por lo contrario sentimos su transcurso lento en situaciones de aburrimiento. A medida que un individuo tiene más edad siente en general que el tiempo pasa más rápido como si sus ciclos de regulación tuvieran frecuencias más bajas y el ritmo de sus percepciones fuera más pausado, con menos imágenes o instantes captados en la unidad de tiempo.

Desde luego tiene cierta lógica que a medida que aumenta la experiencia y por lo tanto el aprendizaje, hay mayor rendimiento y se puede disminuir el ritmo de las percepciones manteniendo el nivel de eficacia, lo que por otra parte parece necesario para compensar la pérdida de características como consecuencia del deterioro paulatino de los órganos.

Las condiciones fisiológicas del organismo también influyen en la sensación del tiempo, que es diferente en una situación de fatiga que en un estado de descanso, o en un proceso patológico frente a una condición de normalidad. En estados febriles aumenta la temperatura del cuerpo y los procesos metabólicos, y aumentan por consiguiente las frecuencias de regulación, con la sensación aneja de que el tiempo transcurre más lentamente. Igualmente puede suceder por causa de perturbaciones exteriores, como pueden ser la influencia del alcohol o de las drogas, que intensifican las impresiones visuales haciendo variar la conciencia del tiempo. También en cuadros psicóticos o en determinados estados anímicos.

El tiempo es realmente un concepto subjetivo y fluye en la Conciencia como un valor universal para todo el organismo para asegurar la coordinación y la armonía de los diferentes procesos operativos. En experiencias de laboratorio se comprueba como las células del corazón aisladas en solución acuosa laten individualmente con ritmos diferentes, sincronizando sin embargo el ritmo cuando se unen. La armonía y la estabilidad es una propiedad de los sistemas, y se alcanzan con el patrón del tiempo que posee el sistema como criterio de acoplamiento de las diferentes frecuencias.

Frente a este carácter subjetivo, el Hombre ha planteado una concepción social del tiempo que lo hace impersonal y abstracto, como fórmula necesaria para exteriorizar las características de sincronicidad y poderlas aplicar a los grupos humanos. Los sistemas sociales, para constituirse como tales, necesitan aplicar procedimientos análogos a los biológicos para adquirir propiedades. La unidad de tiempo común favorece que las actividades de las diferentes sujetos puedan acoplarse y las agrupaciones sociales operen con objetivos comunes y con las características de los sistemas. Así, las conciencias exteriores pasan a imponer un ritmo del tiempo que es artificial, y aunque entre en conflicto con las sensaciones subjetivas, es más adecuado en definitiva para la obra artificial que el Hombre se ha impuesto. Los mecanismos biológicos se ven condicionados por este empeño y se llega a una racionalización del ritmo vital que pasa a subordinarse a los objetivos sociales. El "*bio-feedback*" es ya una metodología valida para ajustar procesos biológicos por la vía de la razón y resulta sorprendente que cualquier sujeto pueda ser capaz, en solo algunas horas de aprendizaje, de alterar a voluntad el ritmo de su corazón.

Las conciencias exteriores están tomando el relevo en la dirección del
108

sentido del tiempo y el reloj ha pasado a presidir implacablemente nuestro paso por la vida y nuestra obra. Él es quien nos da el certificado de actuar e influir en la vida social cuando nos otorga la mayoría de edad y quien nos separa de la trayectoria productiva cuando nos califica de "jubilados", calibrando día a día nuestras acciones y retándonos a adaptarnos a su hegemonía.

2.4.- El metabolismo de la información y el conocimiento

Desde hace mucho tiempo el Hombre ha podido constatar que su especie está experimentando un proceso evolutivo, y los científicos se plantean el interrogante de cuál es el camino que sigue ésta evolución y qué objetivos se propone alcanzar, o hacia qué estados finales nos estamos orientando. Por desgracia, al carácter demasiado elemental de nuestros esquemas referenciales, hay que unir el reducido horizonte de análisis de que disponemos para identificar las relaciones de causa a efecto, y por tanto no estamos en situación de formular planteamientos determinantes.

Sin embargo, se van identificando las modificaciones morfológicas que ha ido experimentando la especie y se dispone asimismo del legado cultural y artístico de las distintas generaciones. Y si correlacionamos ambas progresiones, está muy claro el actual contraste entre la escalada de conocimiento que en los últimos años se ha producido en el mundo y la escasa evolución anatómica del cerebro del Hombre. El Hombre de hoy parece tener un cerebro anatómicamente equivalente a los cerebros de las pasadas generaciones, pero no obstante, su potencia de conocer se ha "ensanchado" considerablemente.

La Ciencia se pronuncia en contra de la transmisión genética de conocimientos adquiridos, aunque pueda admitir que de alguna forma las estructuras anatómicas del cerebro progresen por el propio factor selectivo del conocimiento, como reto del medio ambiente que hace imponerse a las características genéticas más capaces. Parece que la vieja sentencia "*Nihil est in intelectu quot prior non fuerit in sensu*" que los escolásticos tomistas empleaban contra los platónicos, tiene mucho de cierto. Nuestra experiencia en la vida nos proporciona unos valores adquiridos, que nuestra anatomía inicial no poseía, que pueden permitir un progreso exponencial de la especie por vía "social", sin que en paralelo las estructuras biológicas heredables varíen sensiblemente.

Cuando un niño nace, posee una anatomía cerebral completa, pero sin embargo, su utilidad funcional es en ésos momentos muy reducida, no disponiendo de esquemas de actuación que pueda formular conscientemente, sino solamente de procedimientos automáticos conscientes con los que se hace posible que coordine los impulsos motores necesarios para la supervivencia. A partir del nacimiento, incluso ya desde el claustro materno, el niño comienza a adquirir conceptos racionales, sirviéndose de sus canales de percepción, y así va aumentando su conocimiento y su capacidad intelectual, lo que se materializa con un continuo establecimiento de conexiones neuronales y de modificaciones en la bioquímica del cerebro. La información adquirida a través de los sentidos va produciendo una materialización de las estructuras del cerebro y el conocimiento va cristalizando de forma continua con el transcurso de su experiencia de vida.

Las imágenes captadas por los sentidos. son muestras elementales de información que serán procesadas en el cerebro para ir constituyendo y perfeccionando un modelo de conocimiento que sirva al individuo para dirigir su actividad. Este "modelo" viene a ser una síntesis inteligente de la percepción que el hombre ha captado del entorno, una especie de acumulación de todos los sucesos en los que ha participado. Las correlaciones entre datos y la asociación de experiencias análogas se está produciendo constantemente, y en paralelo la estructura neuronal se interrelaciona cada vez más adquiriendo complejidad.

La Memoria es un soporte necesario para ir acumulando la información adquirida y se ha comprobado que existen varios mecanismos de retención de datos que responden a diferentes utilidades. La Memoria
110

Instantánea o Sensorial permite almacenar por décimas de segundo las imágenes percibidas por los sentidos para permitir que el sistema nervioso pueda posteriormente procesarlas, lo que sucede en una secuencia de "barrido" en la que son asimilados los aspectos más relevantes que ofrecen interés, despreciándose los detalles. Esta capacidad de discriminar lo interesante de lo accesorio de "escenarios" de exceso de información parece que es una permanente habilidad de las criaturas inteligentes.

La memoria a corto plazo permite retener asociaciones racionales durante segundos o minutos en espera de ser entroncadas en la estructura de conocimiento en su lugar adecuado, quizás solamente las esencias que tendrán alguna vigencia para el futuro. Así cuando queremos retener algún dato coyuntural, tal como un número de teléfono o una matrícula de coche, durante un corto espacio de tiempo, tendemos a repetírnoslo a intervalos para renovar la retención del dato en éste almacenamiento transitorio que seguramente es de poca capacidad y tiene permanente avidez de nuevas asociaciones racionales.

También identifican los psicólogos otros mecanismos de memoria a largo plazo que serán soporte de la base de conocimiento que el individuo habrá de utilizar constantemente en sus vivencias. La experiencia será almacenada con una estructura organizada y unos mecanismos de recuperación permitirán extraer de ella los datos necesarios en el momento oportuno en que sean de utilidad. El mundo real que nos rodea va penetrando en nuestro interior y el conocimiento se va moldeando en el Cerebro que cada vez dispone de más arquetipos.

La información que vamos almacenando en nuestro interior es recuperable para nuestra Conciencia Interior con un grado de eficacia que es función de la utilidad. Así vienen a pasar a un "primer plano" de la memoria con más facilidad aquellos datos que son más relevantes o más recientes, mientras que aquellos más históricos o menos importantes parecen encontrarse en planos más profundos e incluso irrecuperables, como si se fueran olvidando. Sin embargo en estados alterados de conciencia, en situación de trance hipnótico, o en estados de crisis en los que se hace balance de situaciones anteriores, se consigue recuperar información de detalle que figuraba ya en los estadios más interiores de nuestra mente.

De las experiencias más recientes, tenemos más recuerdos pero menos criterio y de los sucesos más históricos utilizamos menos datos específicos pero manejamos más conceptos. Sucede como si la información estuviera siendo permanentemente procesada por el cerebro "rumiando" de manera continua los datos para digerir su enseñanza y sintetizar criterios. Es un proceso de "destilación" que metaboliza los datos generándose esquemas abstractos de conocimiento que irán fortaleciendo nuestra capacidad de juicio y nuestra potencia para enfrentarnos con las situaciones vivenciales futuras.

Los datos obtenidos de sucesos particulares permiten formalizar criterios que tendrán valor universal y que serán más eficaces en cuanto mas fertilizados son por la aportación de nuevos datos. Ello, no obstante, en la medida en que el intelecto sepa seleccionar lo más relevante y complementario y tenga capacidad para organizar coherentemente estos esquemas de conocimiento. No basta con ejercer un procedimiento de aprendizaje sino que en paralelo se ha de ir desarrollando el criterio con el que se aprende. Dicho en otras palabras, también se desarrolla el procedimiento de "aprender como aprender" que viene a ser una generación de conceptos abstractos de orden superior que emanan de un contraste permanente que enjuicia ese proceso de maduración de los criterios.

Los criterios están seguramente jerarquizados y los más elementales y de mayor rango son también material metabolizable para la adquisición de criterios más universales o más sintéticos. Los datos elementales son constantemente explorados y "exprimidos", y a medida que pasa el tiempo, los "restos" cuya significación ya no proporciona utilidad van "archivándose" en la profundidad de nuestra Memoria, en las zonas más masivas pero menos recuperables, alejándose del "escenario" más oneroso de los procesos del "metabolismo".

La experiencia permite así que nuestra actividad se vaya mecanizando, y de la primera época de vida en la que vamos consolidando procedimientos de acción motora, vamos pasando a otras etapas en las que formalizamos conceptos abstractos, como pueda ser, la invariancia, la irreversibilidad, la conservación, o la subsidiariedad. Cuando los criterios o procedimientos están suficientemente enriquecidos por la experiencia y se contrasta interiormente su calidad y eficacia, pasan a engrosar el paquete de mecanismos automáticos que la Conciencia Interior utilizará "de oficio" sin la censura del razonamiento.

Los criterios vienen a ser por lo tanto unas síntesis estadísticas de datos elementales. Las muestras específicas de datos serán agrupadas por parámetros homogéneos que serán desechados sustituidos por las "medias", "desviaciones típicas" y otros elementos de síntesis. Por ejemplo, el sentido de la distancia se va componiendo, desde la primera edad, del frecuente contraste de nuestras medidas físicas con los espacios más inmediatos. Al alcanzar un objeto con la mano se establece un valor comparativo que constituye un dato más para nuestro modelo espacial, igual que los desplazamientos contrastados con la percepción de objetos lejanos y las mediciones objetivas que realizamos con instrumentos universales de medida. Cuando el "modelo" es suficientemente completo, nuestro juicio de la distancia se establece de forma automática o instintiva, y ya no precisamos un contraste de detalle con experiencias anteriores porque disponemos de un baremo. Los datos elementales quedan relegados en la Memoria al disponer de procedimientos programados sustitutivos.

Análogamente, los criterios más elementales también van experimentando un proceso continuo de fermentación, componiéndose interrelaciones entre ellos, y sintetizándose valores conceptuales a niveles más elevados o de mayor prioridad, llegándose a revisar en el estadio superior la Escala de Valores del individuo al ascender en ella los criterios estéticos, éticos, y morales.

Este proceso de organización de los datos y criterios en estructuras jerarquizadas, tiene una vocación morfológica, componiéndose con el tiempo todo un sistema de utilidad para la acción. El Hombre copia también instintivamente esta disposición en su obra artificial y la organización de las bibliotecas de datos y de procedimientos en un sistema de ordenadores electrónicos para el tratamiento de la información, se orienta aunque rudimentariamente sobre estos principios organizativos.

También en el plano social se van constantemente desarrollando criterios, leyes, costumbres, y principios que no son otra cosa que producto de la experiencia de las agrupaciones humanas. El mismo proceso metabólico que el Hombre desarrolla en su interior, basado en la captación de la realidad que percibe, está teniendo lugar a nivel social en los sistemas colectivos que forman los hombres. Igual que el Hombre construye y perfecciona su Escala de Valores, las colectividades desarrollan sus conceptos y jerarquizan sus leyes y procedimientos para la actividad social.

El proceso de formalización del conocimiento también tiene sus servidumbres. Los esquemas conceptuales tienen que consolidarse y la revisión permanente de criterios no puede suponer una reordenación drástica de los valores y conceptos, porque en ese caso la obra de síntesis no sería convergente y el individuo se debatiría entre crecientes incertidumbres. Los esquemas mentales se hacen más permanentes y menos revisables en cuanto más se formalizan con el tiempo y la experiencia y en cuanto más interrelacionados están con el árbol del conocimiento. Los criterios más consolidados están más defendidos de la "agresión" de nuevas experiencias, que pudieran ser contradictorias y remover nuestros cimientos, y así existen unos mecanismos que protegen la seguridad y privacidad de las esencias conceptuales más relevantes.

Por esto el Hombre va "cerrando" sus criterios a medida que se va haciendo más maduro, lo que es camino irreversible para bien o para mal. De aquí que la educación sea un problema social de muy difícil planteamiento. El aprendizaje se asimila por la experiencia "escarmentando en cabeza propia" en una larga labor autodidáctica, aunque naturalmente es decisivo el ambiente, los educadores, y los ejemplos, porque el clima absoluto de libertad no existe en la práctica. El problema no es ya de aprender más y más, cosa necesaria por el avance de la civilización, sino también disponer las mejores condiciones para que la adquisición de criterios se desarrolle en la línea que más conviene al individuo y a la sociedad, cuestión difícil de compaginar pero que en la práctica no es aleatoria sino que está orientada por las influencias políticas y familiares, y por desgracia no siempre acertadamente.

Si los criterios fueran directamente trasplantables sin este proceso metabólico de asimilación, la mecanización artificial de las funciones del Hombre estaría ya muy cerca, pero todavía hay que recorrer mucho camino para que los procesos creativos se sustituyan artificialmente con patrones universales. El Hombre es el factor básico en los procesos creativos actuales, y los productos sociales son consecuencia de los criterios que en su experiencia sintetiza, al igual que las cosechas son consecuencia de la siembra y del clima y cuidados que en torno a ella se produzcan.

La síntesis de la información se produce en las estructuras bioquímicas del cerebro de forma permanente, con determinados ritmos, y quizás sean las pausas nocturnas las que permiten mayor eficacia en la tarea, cuando estamos mas liberados de la actividad motora y las solicitaciones de consumo energético son muy reducidas. Como las centrales de bombeo, que utilizan la noche o momentos de menor consumo de electricidad para reponer el potencial de nivel de agua embalsada. De hecho podemos comprobar, si nos observamos frecuentemente a nosotros mismos, como en los sueños nocturnos hay una clara influencia de las vivencias más inmediatas de anteriores estados de vigilia, como si estuviéramos repasando y seleccionando nuestras recientes adquisiciones.

De la síntesis de conocimiento se va enriqueciendo nuestra Conciencia Interior que cada vez dispone de más procedimientos mecanizados, que una vez "enjuiciados" como válidos, pasarán a ser utilizados instintivamente como reacciones inmediatas en las que no se contemplan nada más que objetivos inmediatos, sin contenido de finalidad a plazo. Por esto la Conciencia Interior nuestra siempre tiende a justificar nuestros actos instintivos, que son en gran parte producto de estos criterios que en su momento se consideraron suficientemente válidos y que se aplican ante situaciones cuya finalidad coordina la propia Conciencia Exterior.

La justificación de nuestros actos es un mecanismo de seguridad que trata de evitar contradicciones que pudieran erosionar nuestras bases de pensamiento. De aquí que sea atributo de los más inteligentes y maduros ser capaz de desvincularse en mayor medida de las propias ideas con alto grado de autocrítica.

La capacidad del Hombre para justificarse puede comprobarse experimentalmente, y es realmente sorprendente el conjunto de explicaciones racionales que un sujeto ofrece, cuando trata de justificar un acto absurdo que ha realizado bajo un mandato post-hipnótico que desconoce a nivel de Conciencia Exterior. El producto de la orden post-hipnótica que su Conciencia Interior asume sin censura como válida, es contemplado por la Conciencia Exterior del individuo como un producto voluntario, para lo que se echa mano de una supuesta finalidad que lo justifique.

El desarrollo del conocimiento en el plano social sigue también una línea de "fermentación" paralela a la del orden biológico. Sin embargo, nuestro orden artificial ha impuesto un método, el Método Científico, como vía "legal" para el desarrollo del acerbo cultural de la Civilización. La Razón, ajustada a las leyes de la Lógica, es el procedimiento básico, y se desechan otros caminos que la Ciencia no reconoce, aunque de hecho son identificables en la práctica. En el Hombre se producen ciertamente estas otras formas de adquirir conocimiento que son derivadas del mismo proceso de síntesis de los datos:

- El Aprendizaje Subconsciente por el que se produce conocimiento sin razonamiento previo, situación que a veces comprobamos sobre todo en estados de relax o duerme-vela, es producto de todo este proceso de metabolismo. Y la Inspiración, que proporciona conocimiento de forma espontánea, quizás sea función de la "escalada" de criterio que continuamente se está produciendo en nosotros al margen de la actividad racional.

* El Aprendizaje Emocional tiene su base en ese complejo fenómeno de las emociones y sensaciones que acrecienta la capacidad de captación de información y polariza nuestros recursos en determinadas situaciones. Incluso la vía negativa de reconocimiento de lo contradictorio, nos sugiere pensar en un Aprendizaje Paradójico que también opera.

El proceso informático interno, que permite la transformación de datos experimentales en criterios, equivale a una acumulación de potencial de acción, que va configurando el Hombre como medio más eficaz para su constante necesidad de decidir y de enfrentarse a situaciones no estructuradas. La capacidad de enfrentarse a lo desconocido es patrimonio adquirido por las criaturas inteligentes, que poseen un pensamiento heurístico de uso universal que está por encima del simple pensamiento algorítmico regular y mecanizable.

2.5.- La comunicación y las conciencias colectivas

En los sistemas vivos, sistemas abiertos en permanente actividad, el intercambio de información es tan esencial como el intercambio de materia o energía. La comunicación es por consiguiente una función cuyo ejercicio y ámbito de aplicación se desarrolla y enriquece como la vida misma. El fenómeno social se fundamenta en la comunicación social y en cuanto más universal, armónica, intensa, y diversa es ésta, más podemos identificar en los grupos sociales su comportamiento global y sus características de "sistemas".

En los primeros pasos del Hombre en la Tierra, la comunicación sólo se establecía entre los individuos próximos, quizás como hoy los animales en general se comunican, con un condicionante geográfico en donde la distancia es una limitación insalvable. Y con unos procedimientos de tipo directo en los que existe un sujeto emisor y un sujeto o sujetos receptores, utilizando las vías sensoriales en la forma en que más o menos hoy las utilizamos, pero sin que pudiera capitalizarse la información transmitida para posteriores utilidades independientes del tiempo y de los protagonistas originales de la acción. La información captada es patrimonio del sujeto receptor y por supuesto del emisor, y no es reproducible sin el concurso de éstos.

La comunicación de éste tipo, es decir la que los animales practican, es más de naturaleza afectiva, tiene lugar en entornos reducidos y entre individuos allegados que prodigan las vivencias comunes. Los sentimientos son fuentes de expresión y la comunicación es más intensa y eficaz en la medida en que entre los sujetos se produce una mejor "sintonía" entre sus vivencias individuales. La tristeza, la alegría, el temor, el amor,....etc., son situaciones que se experimentan a nivel individual, pero pueden "contagiarse" y experimentarse en común.

La limitación de la distancia es ciertamente un hándicap. Del sólido procedimiento del contacto físico directo entre las personas, en el que puede producirse un acoplamiento total de sensaciones, como es el caso del contacto sexual, tenemos que pasar a depender de nuestros órganos de percepción sensorial cuando hay espacio por medio. Hoy parece empezar a identificarse que entre seres vivos próximos puede haber un intercambio de materia que pudiera ser soporte para la comunicación, y ciertas hormonas "responsables" de éste intercambio están explorándose con algunas evidencias que pueden llegar a ser hallazgos sensacionales.

De todas formas, el intercambio de materia elemental entre seres vivos, aunque estuviera organizado de forma inconsciente como una función estructurada de rango universal, tiene también el condicionante de la distancia, y llegado un cierto umbral, solo las ondas acústicas o la radiación electromagnética son soportes de información que el individuo puede captar. La percepción extrasensorial es ciertamente una sugerencia importante, pero la telepatía, aunque evidente, no es una actividad que conozcamos a nivel práctico ni está claro que tenga lugar de forma continua (aunque fuera inconsciente y poco identificable) ni que tenga una dimensión relevante, ni que sea totalmente independiente de la distancia.

Es intuida por muchos investigadores la proposición de que la percepción extrasensorial era una facilidad disponible de forma natural por el Hombre primitivo, la cual utilizaba para defenderse del Medio y para poder relacionarse ante la carencia de otros procedimientos. Según ésta hipótesis el Hombre habría ido perdiendo esta función por atrofia a medida que ha ido disponiendo fórmulas alternativas de comunicación. Pero también se maneja la hipótesis contraria de que la comunicación extrasensorial es un procedimiento nuevo, que está aflorando en nuestra naturaleza, y que llegará a constituirse en adquisición filogenética de la Especie. Para ordenar toda especulación a este respecto, habría que plantearse en primer lugar cual podría ser el objeto formal para la Especie de esta forma de comunicación. Sobre ello volveremos más adelante.

Las limitaciones físicas o naturales que se presentan para que los seres vivos intercambien información, comienzan a fisurarse con la aparición del lenguaje. Se empieza por estandarizar un procedimiento que puede ser, "homologado" por diferentes entornos sociales y que en cierto modo es independiente de las circunstancias vivenciales, y después se explorará en qué forma esta abstracción podrá evolucionar y ensanchar nuestras potencias de acción. El lenguaje no es sólo patrimonio del Hombre, pero la proyección universal del mismo y su capitalización como vía social para el conocimiento es una exclusiva de la Especie Humana. El lenguaje escrito permite acumular conocimiento y liberarlo de la coyuntura, y los modernos soportes magnéticos permiten recoger la palabra con sus modulaciones y tonalidades que aportan un contenido de información adicional por encima de la simple convención simbólica de las reglas sintácticas y semánticas.

A partir de la depuración del lenguaje y del hallazgo de soportes eficaces para la comunicación escrita arranca el desarrollo social a escala universal. De la vida íntima e intensa practicada en pequeños entornos con personas allegadas, se pasa a aumentar la frecuencia con otros individuos. De comunicaciones muy intensas con pocos individuos, se pasa a comunicaciones con muchos individuos, aunque el intercambio de información sea de menor volumen o menos relevante. La naturaleza esencialmente afectiva de la comunicación establecida cede el terreno a la intercomunicación racional y a la relación intelectual.

El conocimiento comienza a independizarse de los sujetos y pasa a ser patrimonio de las sociedades humanas. Los hombres reciben el conocimiento de las sociedades en las que se integran y la propia experiencia es complementada con la experiencia ajena. Los estímulos aumentan geométricamente y los individuos progresan con el ritmo tan extraordinario que está a la vista. Después revertirán a la Sociedad de alguna forma las consecuciones individuales, porque existen fórmulas de comunicación entre los individuos y los sistemas sociales.

Pero la comunicación interpersonal no es en la actualidad totalmente abstracta, sino que el componente afectivo sigue siendo determinante para la eficacia de la relación. La tonalidad del discurso, el énfasis que en las palabras se ponga, la cadencia de la interpretación, o el simple timbre de voz, afectan a la comunicación, y el fenómeno de la sugestión se presenta como escenario de fondo en el que circulan los mensajes intercambiados. La comunicación no sólo requiere de un procedimiento formal de intercambio sino que también es un problema de sintonía y el grado de acoplamiento entre transmisor y receptor va a decidir el rendimiento alcanzable en la relación.

Todos tenemos experiencias propias de cómo hay personas con las que nada más conocerlas advertimos existe una cierta facilidad para entendernos, mientras que observamos como una prolongada relación con otras personas no acaba de progresar demasiado en la intercomunicación. Una comunicación entre personas supone compartir una secuencia de imágenes que un individuo emite y el otro sujeto percibe, y han

120

de tener una parte importante común, es decir, un cierto grado de acoplamiento de los respectivos "ciclos de regulación" que procesan dichas imágenes.

Esta sintonía no tiene porqué corresponder a dos trenes de imágenes que se están procesando simultáneamente, sino que puede haber por medio una distancia y un tiempo. La sintonía puede tener lugar lo mismo en una conversación oral directa, que en una conversación telefónica, que en la lectura de un escrito. La sintonía de los ritmos de regulación es necesaria para que en la comunicación se transmitan datos, y la eficacia y el rendimiento dependen del grado de sintonía alcanzado.

Rebasado un cierto umbral, el grado de acoplamiento alcanzado comienza a permitir el intercambio de información y el diálogo existe de forma efectiva. El simple uso del lenguaje formal hablado o escrito, someterá la cadencia de imágenes correspondientes a un ritmo que va a estar más o menos en fase con el propio ritmo del sujeto receptor, porque naturalmente el lenguaje se ha ido decantando hasta que ha incluido esta característica. A partir de este umbral el acoplamiento más o menos perfecto se consigue en función de la "afinidad" de los sujetos y en función de que uno de ellos sea claramente dominante. En ambos casos, la coordinación se reafirma, en el primero de forma natural, en el segundo de manera forzada.

La comunicación entre sujetos es una vivencia durante la cual los respectivos conjuntos de motivaciones tienen una zona común. Es una polarización coyuntural que califica al conjunto de estos sujetos como un Sistema durante el tiempo de duración del "diálogo". Hay una unidad en el desarrollo de la acción común en ese tiempo y hay por lo tanto una forma elemental de "conciencia común". Si la coordinación se logra por afinidad, la conciencia común, o colectiva, requiere del aporte paralelo de las individualidades, mientras que en el caso de existir un sujeto claramente dominante, es la conciencia exterior de éste la que imprime carácter a la nueva entidad colectiva.

Este último caso, llevado al extremo, es el caso del sistema que forman en un intervalo determinado de tiempo un hipnotizador y un sujeto hipnotizado. La capacidad de sugestión del hipnotizador A influye en el sujeto B y la actividad coordinadora de su conciencia exterior CE queda en gran parte fuera de servicio (figura 6).

En éstas condiciones el individuo A está dirigiendo el "sistema" A + B y su conciencia exterior CE es el centro director que tiene ascendiente sobre la conciencia interior CI del sujeto B. Así existe un "canal" de relación CAB que permite que fluyan directrices desde el sujeto A al sujeto B. La interpretación de éstas órdenes, estará por supuesto modulada por la estructura de CI de B y por las circunstancias orgánicas y funcionales que en el sujeto B concurran. Las propuestas de acción que el sujeto A formule, serán en general aceptadas por el sujeto B siempre que no rebasen las posibilidades materiales de realizarlas o que no vulneren objetivos relevantes del sujeto B que supongan en consecuencia modificar esencialmente su escala de valores. En cualquier caso el sujeto B siempre interpretará las órdenes recibidas, en función del conocimiento simbólico propio que en su "base de datos" alberga.

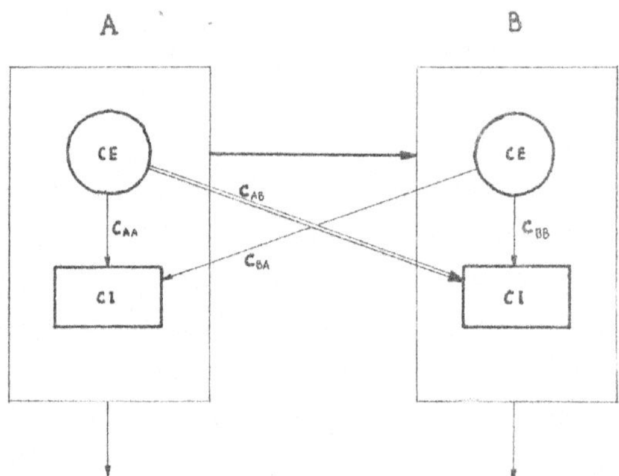

Figura 6

En una comunicación normal no existe la polarización que se consigue con la hipnosis. Los mensajes intercambiados entre las conciencias exteriores de A y B son unas comunicaciones CAA y CBB internas de los individuos. Sin embargo las vías de relación CAB y CBA siguen existiendo y hay constantes evidencias de que todo individuo que recibe una comunicación recibe también en directo alguna influencia por simple y elemental que ésta sea.

Es como si estuviésemos siendo "hipnotizados" por los demás y viceversa, aunque suceda en muy pequeña medida. De aquí que los lenguajes, costumbres, y usos se establezcan por sectores de convivencia. Las características del entorno que influye en los individuos "penetran" de alguna forma en el interior de éstos, pero las influencias serán incorporadas según el perfil de absorción de cada individuo.

El proceso inverso también tiene lugar y el medio ambiente es constantemente fertilizado por las aportaciones individuales. Los entornos comunes producen conciencias afines y los colectivos comienzan a tomar entidad propia como sistemas sociales.

En la figura 7 se representa un sistema social de N individuos ($N = 5$ en la figura) en el que Cij es la comunicación condicionante que el sujeto "i" sitúa en la conciencia exterior del sujeto "j" por unidad de tiempo. En la figura 8 se sitúan los diferentes valores Cij en una matriz de datos en la que en la fila C. se recoge la influencia global del individuo "i" sobre el colectivo, y en la columna Cj la influencia inversa global del colectivo sobre el sujeto "j".

Los valores C11, C22, C33, ... CNN de la diagonal principal de la matriz, serán las relaciones propias individuales entre las conciencias exteriores e interiores de cada sujeto, y naturalmente, éstos valores serán muy superiores a los datos del resto de la matriz. Si los valores que no están en la diagonal principal fueran despreciables o nulos, el sistema social no existiría como tal. La "cruz" (fila y columna) que parte de un valor Cxx de la diagonal principal constituye la estructura de influencias. y por tanto el marco de relación; que el individuo "X" intercambia con el conjunto del sistema social, y el contraste entre la fila y la columna será una imagen de la relevancia del individuo en el sistema, es decir nos aporta un índice de si el individuo es dominante o dominado.

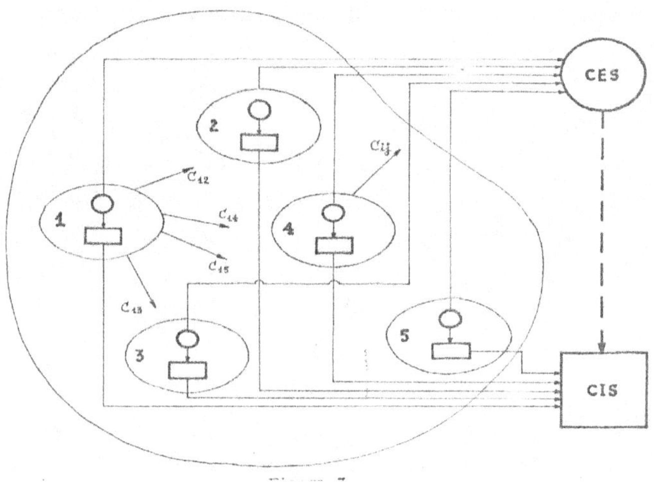

Figura 7

Si la matriz tuviera una fila de valores de orden superior, se trataría de un sistema de tipo carismático en el que destaca un líder que "conduce" el sistema. Si por el contrario la matriz está equilibrada y los valores son comparables, el sistema es una comunidad de conciencias con una interacción equilibrada.

Cuando un sistema social llega a constituirse, es porque realmente se establecen vías de relaci6n entre los individuos que lo forman, y por lo tanto la matriz de la figura 8 comienza a tener valores discretos fuera de su diagonal principal. Si el sistema progresa, el desarrollo en el tiempo se traduce en un crecimiento de los valores Cij (i≠j) que alcanzarán una cierta homogeneidad y estabilidad.

Cuando un sujeto "X" plantea sus acciones individuales, está integrando a algunos otros individuos en sus planteamientos, bien sea explícita

124

o implícitamente, y una variación del valor Cxx propio produce una variación inducida de los valores de la fila y la columna que pasan por Cxx. Es decir, como fruto de la acción individual del sujeto "X" aumenta o disminuye su influencia en el sistema, por un aumento o disminución de las relaciones individuales que mantiene.

$$
\begin{array}{cccccc}
c_1 & c_2 & c_3 & c_4 & \cdots\cdots\cdots & c_N \\
\end{array}
$$

$$
\begin{array}{c|cccccc}
c_1 & c_{11} & c_{12} & c_{13} & c_{14} & \cdots\cdots\cdots & c_{1N} \\
c_2 & c_{21} & c_{22} & c_{23} & c_{24} & \cdots\cdots\cdots & c_{2N} \\
c_3 & c_{31} & c_{32} & c_{33} & c_{34} & \cdots\cdots\cdots & c_{3N} \\
c_4 & c_{41} & c_{42} & c_{43} & c_{44} & \cdots\cdots\cdots & c_{4N} \\
\vdots & \vdots & \vdots & \vdots & \vdots & & \\
c_N & c_{N1} & c_{N2} & c_{N3} & c_{N4} & \cdots\cdots\cdots & c_{NN} \\
\end{array}
$$

Figura 8

La evolución de los valores de la matriz de la figura 8, es el proceso de "cerebración" del colectivo y la consiguiente constitución del subconsciente colectivo o conciencia interior colectiva CIS. La comunicación entre conciencias exteriores, configura en paralelo la conciencia exterior social CES del sistema social. La relación entre CES y CIS se produce a través de unos ciclos de regulación y de control, que tienen una tipología análoga a la de la figura 5 porque corresponden a un procedimiento de acción y control propio de la condición de Sistema.

En el desarrollo de los sistemas sociales, cabe preguntarse como habrá de evolucionar la intercomunicación cuando haya limitaciones de tipo físico que pongan freno al progreso del conjunto. Cuando los valores de volumen e intensidad de las comunicaciones, valores que simbolizamos en Cij se reducen, los canales sensoriales disponibles pueden servir de soporte al proceso de comunicación. Sin embargo al crecer los valores Cij cuando el sistema evoluciona pueden producirse saturaciones de la capacidad de transmisión de los canales sensoriales comunes.

Sin embargo, a nivel filosófico, no es concebible que una limitación física más o menos elemental se constituya en factor frontera que impida el desarrollo. La percepción extrasensorial pudiera ser un canal de mayor capacidad que viene a ofrecer nuevas formas de comunicaci6n. Los canales sensoriales convencionales actuarían como el surtidor de baja de un carburador, que produce el aporte de combustible a pequeñas revoluciones, mientras que a partir de un cierto umbral se produce la saturación y entra en servicio el surtidor de alta que permite seguir elevando el régimen de funcionamiento del motor.

Este nuevo canal sería en nuestro modelo la vía de percepción extrasensorial cuya formalización nos es actualmente desconocida, pero de la que tantas evidencias disponemos. El subconsciente colectivo seguirá configurándose con este nueva potencia, y en paralelo, las conciencias exteriores más integradas en el colectivo compondrán una conciencia exterior colectiva cada vez más desarrollada y potente.

El sistema social no constituye un marco único y rígido en el que un individuo se integra, sino que pueden existir diferentes sistemas compatibles, y un determinado sujeto podrá ser miembro de algunos de ellos y ajeno a otros. Así, existe el sistema de familia, o el club que un individuo frecuenta, o la confesión religiosa que profesa, o el sector de ideas políticas que comparte, o el conjunto de seres que son aficionados a un deporte determinado, ... etc.

Cada individuo pertenece en realidad a una multiplicidad de sistemas, y en cada matriz representativa de ellos tiene una "cruz" (fila y columna), coincidiendo en todas ellas el elemento central de cruce que es él mismo como individuo. La actividad del individuo es una función de todas esas "cruces" aunque aporte también valores propios. El individuo a lo largo de su trayectoria de vida, se irá integrando en nuevos sectores colectivos, irá incorporando nuevas "cruces" y se irá fortaleciendo su criterio y su conocimiento.

Los sistemas sociales se van vertebrando y utilizan fórmulas de acción colectivas, y las colectividades comienzan á operar bajo los mismos criterios generales con los que opera el Hombre como individuo. Las propiedades del conjunto son, una vez más, superiores a la suma de las propiedades de las partes, y la Civilización aumenta el ritmo de progreso substancialmente.

El Hombre aprende la enseñanza de la Naturaleza y aplica sus principios para crear fórmulas artificiales. Lo individual cede el paso a lo colectivo y los hombres se debaten apasionadamente en un mar de incertidumbre tratando de revisar las escalas de valores. Los objetivos individuales no siempre coinciden con los colectivos y en las sociedades humanas aparece un claro contraste entre los que quieren anteponer las metas individuales y los que conceden prioridad al desarrollo del colectivo. Es el punto básico por el que quieren comenzar a pronunciarse los sectores políticos.

El grado de desarrollo social es todavía muy primitivo a éste respecto y habrá que seguir "copiando" de la Naturaleza para aplicar criterios biológicos a los sistemas artificiales. Será la forma de poder conducir realmente las colectividades. Todo paquete de ideas políticas tendrá en el futuro que estar edificado sobre un sustrato biológico y los expertos en Teoría de Sistemas habrán de ser los arquitectos de la Sociedad del futuro.

2.6.- La aventura de lo artificial

El Arte y la Ciencia son dos fuentes de conocimiento que el Hombre utiliza para la acción. La primera está más asociada a las emociones mientras que la segunda es producto de la razón. El conocimiento artístico parece que tiene una raíz esencialmente innata, mientras que el conocimiento científico es más bien consecuencia de la educación. Esto, que viene a ser una verdad a medias, es así generalmente aceptado en términos de uso popular, y aplicado a la especie humana como conjunto, nos ofrece una imagen del proceso de transferencia Arte-Ciencia que está teniendo lugar en la Sociedad.

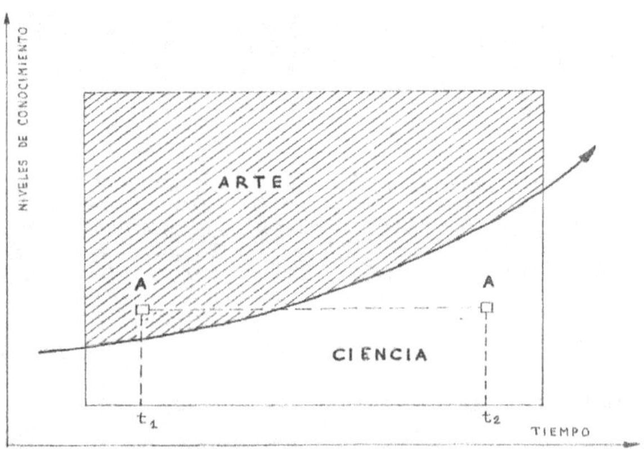

Figura 9

Con el transcurso del tiempo, los planteamientos científicos sustituyen a las aproximaciones artísticas. Una determinada actividad A (figura 9) que un tiempo T1 era producto de la inspiración, el genio o la intuición, y sólo era accesible por algunos, en otro tiempo T2 tiene ya una formulación de su estructura y es reproducible de forma impersonal. Lo "heurístico" cede paso a lo "algorítmico".

En los estadios de actividad donde la Ciencia se consolida como fuente de conocimiento, las potencias naturales son reemplazadas por elementos artificiales. Los procedimientos naturales, una vez identificados y formulado su comportamiento, son artificializados por un proceso de abstracción, y a partir de ahí se constituyen en modelos artificiales que son válidos para la acción.

Las soluciones artificiales son productos sintéticos extraídos de la realidad. Son equivalentes a las soluciones naturales en relación con

128

objetivos determinados, y la estructura del modelo será tan compleja como complejos sean los objetivos a cubrir. Crear un sistema artificial es al fin y al cabo diseñar algo que cumpla con ciertas propiedades.

La razón primordial de aplicar soluciones artificiales radica en que existen muchas ventajas frente a las soluciones naturales. El modelo artificial es estable porque se conoce exactamente su estructura y su potencia; es simple, porque el nivel de complejidad puede elegirse; y sobre todo es reproducible, programable y transmisible, porque se dispone de una descripción clara y completa de su naturaleza.

El modelo artificial puede reconstruirse cuantas veces se desee e incluso si dispone del suficiente grado de complejidad, puede llegar a reproducirse a sí mismo, lo que representa una potencia de autonomía sobre la que puede aplicarse el principio de subsidiariedad. Además, a los modelos artificiales podemos imponerles nuestro concepto de la jerarquía, construyéndolos con las propiedades asociativa y distributiva de los sistemas, y por lo tanto la arquitectura de lo artificial puede llevarnos a realizaciones cada vez más complejas.

Las soluciones artificiales pueden además evolucionar por la "creación artificial" aportada por el Hombre como fruto de aplicar la capacidad de abstracción a las soluciones naturales que identifica en el orden biológico. Además, también el Hombre incorpora a su creación artificial ciertos valores añadidos que no existen en la Naturaleza.

Un ejemplo de valor incorporado es el de la "rueda" como mecanismo, que no es identificable en la biología ni en la físico-química como tal mecanismo, aunque por supuesto la función de "girar" si se prodigue. La rueda es un artificio curioso y notable. Civilizaciones del pasado no la conocieron ni por lo tanto utilizaron y sin embargo alcanzaron niveles de desarrollo importantes, como si se pudiera prescindir de la rueda y progresar en paralelo, lo que a la luz de nuestros días parece algo inconcebible.

La creación artificial de la rueda fue quizás una síntesis simplificada de la aplicación de la función "giro" con pocos grados de libertad, a la resolución de problemas prácticos, y lo cierto es que en la actualidad la rueda está presente en todos los procesos productivos, y es factor básico, imprescindible, en los artefactos complejos que el Hombre construye y utiliza. Si se detuvieran todas las "ruedas" existentes en el Mundo, la actividad humana quedaría totalmente frenada. Sin embargo, la rueda es también un símbolo de las servidumbres del progresó de la Civilización, y como tal encarna un conjunto de problemas actuales que nos han llegado de "su mano".

El problema del transporte fue quizás la primera actividad en la que la rueda concurrió y el impacto ha sido tan importante que el desarrollo geográfico y las concepciones urbanas han crecido con la premisa de disponer de unas determinadas comunicaciones, e incluso la morfología de las ciudades, los hábitos, horarios de actividad,.... etc., son función de los medios de transporte en los que "la rueda" es protagonista. También está en el centro de gravedad de las fuentes de estrés que rodean al Hombre, cómo si la rueda fuera una de las bestias del Apocalipsis.

Quizás por ello el Hombre quiere inconscientemente "liberarse" de las servidumbres de su creación artificial, y siguiendo con el ejemplo de la rueda, intenta aplicar soluciones alternativas como el *overcraft* o el tren de colchón de aire, o el avión a reacción en lugar del de hélice, con lo que la rueda como mecanismo sigue existiendo como elemento motriz básico pero actúa desde el interior del artificio y permanece transparente para las conciencias.

El concepto de rueda, como cualquier creación artificial del Hombre tiene que irse perfeccionando hasta llegar a ser "degradable" allí donde se aplique, para que pueda adaptarse o sustituirse a conveniencia, de acuerdo con el fenómeno de recirculación de causas y efectos que tiene lugar en los sistemas integrados.

La creación artificial se orienta con capacidad para evolucionar, aunque estamos en un estadio primario de desarrollo, y sea fundamentalmente a nivel inconsciente al que estamos planteando las estrategias de nuestro edificio artificial. De hecho se reconoce el "genio", la inspiración o la intuición, como valores supremos del hombre de ciencia que por encima de la capacidad de razonamiento son aplicados para obtener las más importantes consecuciones. En el proceso creativo, la "feliz idea" siempre acaba siendo el elemento fertilizante, y cuando el Hombre se plantea en términos abstractos el problema de crear no acaba de encontrar procedimientos manejables que puedan generalizarse. La Sinéctica y la Invéntica, tan solo consiguen con sus metodologías imponer una cierta racionalidad a las aproximaciones creativas.

El Hombre está sin embargo dedicado a la construcción de un verdadero Árbol de la Ciencia Artificial, árbol que tiene sus raíces en la Naturaleza de la que procedemos, pero cuyas ramas tienen vocación de ser autónomas e independientes del medio natural. El gran objetivo del Hombre es independizarse del Medio y por eso su trayectoria en el Mundo es una constante lucha contra natura para liberarse de las limitaciones y servidumbres de las leyes naturales.

El Árbol de la Ciencia Artificial es una síntesis abstracta del Árbol de la Ciencia Natural, obtenida a través de una permanente identificación de causalidades, incorporando al árbol una estructura jerárquica racional, edificándolo para que sea reproducible con una arquitectura que nuestras conciencias puedan manejar. La construcción del Árbol de la Ciencia Artificial es una actividad de "guerra de independencia", y el objetivo último es hacer viable un orden artificial que se baste a sí mismo para continuar la evolución, sustituyendo a un orden natural que tiene un umbral de posibilidades ya muy cercano de alcanzar.

Desde que el Hombre comenzó a fabricar herramientas e inició la carrera de incrementar cada vez más la productividad de su trabajo, está disponiendo funciones artificiales que necesita sean ejercidas para que su obra social esté equilibrada y tenga continuidad. Las funciones de servicio a la Sociedad tienen que operarse de manera ininterrumpida para estar a salvo de la coyuntura y de la dictadura del "Medio". Así se identifican los flujos de actividad y si estos no pueden ser asegurados por las disponibilidades naturales, se aplican soluciones artificiales alternativas.

Así, para la función de "Manipulación" se producen actualmente herramientas de todo tipo que sustituyen casi siempre con ventaja a las manos, pues si bien los movimientos son más elementales, su acción puede ser tan rápida, potente y continuada como se precise, incluso salvando limitaciones de climas agresivos, radiactivos o zonas estériles. No obstante, tenemos cierta frustración con respecto a nuestras propias manos pues para nuestro nivel de progreso la Mano es todavía un instrumento perfecto cuya versatilidad no podemos artificializar. Por lo menos las unidades de control disponibles no están todavía a la altura equivalente.

Así, cuando se requiere garantizar unas temperaturas, presiones, o humedades determinadas en un cierto proceso o ambiente, se construye una climatización artificial que esté a salvo de las oscilaciones naturales del entorno. La función "almacenaje" tiene que permitir administrar niveles de recursos manejables, de acuerdo con las necesidades de la actividad, y así se construyen presas para atesorar agua, calderas para mantener la presión de un colector de vapor, o silos para almacenar el grano, o incluso los bancos, en este caso para tener depósitos de un elemento también artificial que es el dinero.

La función "transporte" es totalmente artificial, aunque todavía se utilicen en algunas regiones los cursos de los ríos para trasladar los troncos de los árboles en la industria maderera. El urbanismo es una consecuencia de la lucha contra el medio, y una muestra a su vez de la formación artificial de grupos sociales y sistemas comunales. En el centro de una ciudad todo es diferente al entorno natural que vivían nuestros antepasados, e incluso el aire que se respira tiene una composición artificializada que nos hemos acostumbrado a soportar.

La "ambientación" que el Hombre dispone para su escenario de actividad tiene que estar a salvo de las inclemencias del entorno natural y así utiliza prendas artificiales, aire acondicionado, pavimentos inertes, materiales estables, e incluso sustituye la acción solar sobre el cuerpo por la lámpara de cuarzo. A efectos decorativos llega a utilizar hierba o flores artificiales, y cuando se necesita del medio natural para un uso deportivo como es el golf, se crean verdaderos campos domesticados, reconfigurando el medio natural.

La función "alimentación" es especialmente crítica porque el Hombre no ha conseguido todavía emanciparse de su condición animal y necesita del fruto de los campos y del sacrificio de las otras especies animales y así los alimentos naturales se desarrollan espectacularmente. En los últimos veinte años el rendimiento productivo de la unidad de superficie de un campo de trigo se ha multiplicado por 4. o por 5 y en ése periodo se han conseguido razas de ganado o de aves que producen el doble de leche o de carne. Todo ello porque el Hombre no puede esperar al Maná ni puede depender de la Providencia y si la montaña no viene a nosotros, nosotros tendremos que dirigirnos a buscarla.

La industria de fertilizantes e insecticidas está haciendo posible atender a una mayor demanda de alimentos que de no poder ofrecerla pondría freno al desarrollo social. Aún así se registran grandes desequilibrios en las regiones de la Tierra y ciertamente el hambre existe, lo que constituye más bien un problema de interés político, ya que quizás en estos momentos sea más fácil y barato producir alimentos artificiales para abastecer con creces a toda la población mundial, que mantener la actual carrera de armamentos. En cualquier caso, allí donde el Hombre tiene que asegurarse el alimento en una u otra forma impone su propio ritmo al orden natural.

En el sector de la Energía el esfuerzo del Hombre se dedica a buscar soluciones viables en el presente y para el futuro, que mantengan la calidad y cantidad de los ciclos de producción. La energía se obtiene, como cualquier otro producto, a partir de unas materias primas o fuentes, y a este respecto la dependencia natural debe ser cada vez menor.

Una "superciencia" consideraría, a nivel de planteamiento, como materias primas solamente los elementos de la Tabla Periódica y aún así quizás solamente algunos básicos de los que se disponga en abundancia en estado natural, o bien, obtenidos artificialmente si su acopio y producción puede realizarse en términos económicos satisfactorios.

La necesidad de independizarnos del Medio nos lleva cada vez a niveles de análisis más profundos, porque en las relaciones de causalidad, los efectos de segundo orden constituyen acciones "retardadas" de extraordinaria importancia. El Hombre en su línea de progreso va identificando poco a poco los circuitos de "*feed-back*" entre su acción artificial y la respuesta de la Naturaleza, y va reorientando su progreso por los caminos de mayor seguridad y rendimiento que cree encontrar. El conjunto de objetivos y motivaciones que impulsan el progreso humano está siendo constantemente revisado y complementado según se advierten los resultados alcanzados en la actividad humana.

Cuando, por ejemplo, comenzó la revolución industrial, el Carbón era materia básica en la que se apoyaba todo el aparato productivo, y así se entendía, pero sin embargo se trazaban planes de desarrollo como si las minas de carbón fueran eternas e inagotables. Después llegó el Petróleo, el cual sustituyó al Carbón más por razones de rendimiento económico que como reemplazo alternativo ante una situación de escasez. Antes de que llegara a plantearse una situación de carencia, pasada por alto en las previsiones en la euforia del desarrollo industrial, surgió la fuente de energía alternativa por otro tipo de consideraciones.

Sin embargo, en la actualidad, en el caso del petróleo que es con mucha diferencia la primera fuente de energía, sí existen serias preocupaciones de que es una materia prima que llegará a agotarse en fechas no muy lejanas. En virtud de esta toma de conciencia la Sociedad está revisando sus planteamientos, y en toda su actividad se impone el ahorro de energía como un objetivo solidario de la Humanidad. Los vehículos se perfeccionan para que consuman menos y se renuncia a la velocidad, las casas se aíslan mejor del exterior para ahorrar calefac-
134

ción o refrigeración,....etc., y a la vez se realiza un extraordinario despliegue de investigación para llevar al entorno de la industria y de los servicios otras fuentes alternativas de energía.

El caso de los insecticidas es otro ejemplo de cómo la Sociedad ha ido modificando sus estrategias en función de los efectos derivados que se van identificando. El DDT quedó descartado y proscrito en el mundo después de comprobarse el ciclo que seguía que conducía a la asimilación de dicho producto por los organismos humanos en proporciones acumulativas. Sin embargo los insecticidas son imprescindibles para seguir mejorando el rendimiento de las producciones agrícolas, y por ésto, a la prohibición de ciertos pesticidas, sigue la difusión de otros productos conseguidos de la actividad investigadora que tienen menores problemas de generar efectos de segundo orden y que actúan incluso con más eficacia.

Lo que sucede también en paralelo es que el control estratégico de la utilización de estos productos se desplaza a los pocos países y empresas que tienen en sus manos la investigación. Cuando el DDT se desechó, todos los rincones del mundo lo producían a muy bajo precio, pero los productos sustitutivos resultaron ser varias veces más caros y había que importarlos de Alemania o de Japón. Las motivaciones económicas entroncan siempre con todas las demás, porque el ciclo del dinero está presente en cualquier actividad en la que el Hombre interviene.

En él caso de los productos sintéticos o artificiales, se plantea la importancia de que la dinámica de evolución o el ciclo de vida sea equilibrado y presente un futuro sin sorpresas. Así se tiende a que los plásticos sean biodegradables (la investigación está tras ello), y a falta de ello se disponen procedimientos de "absorción" artificiales.

En los envases metálicos de bebidas o conservas, es normal ver, en países desarrollados, frases invitando a los usuarios a "reciclar" el envase vacío, creando conciencia social de que no vivimos en un mundo posicional de "estados" sino en un universo cambiante y combinativo de "transformaciones". Los productos experimentan procesos de metabolismo y los ciclos de vida tienen que encajar bien en el "Sistema" con trayectorias de evolución que sean estables.

El Movimiento Ecológico defiende el planteamiento de este problema como cuestión previa de los Estados ante la planificación, la legislación y las tareas de gobierno. Se solicita que la Sociedad imponga como prioritaria la tarea de conservación y protección del Ecosistema. Sin embargo hay una cierta contradicción entre estas actitudes y el reto de progreso del Hombre.

Los Ecologistas, sobre todo a nivel de acción política, son quizás alarmistas en exceso, y niegan en definitiva la capacidad de adaptación a lo artificial, lo que hace que caigan en el difícil planteamiento de optar por un cierto retorno a costumbres y usos del pasado, renunciando a etapas de progreso con contenido de incertidumbre. La Energía Nuclear la ponen en cuarentena cuando sin embargo sabemos que es imprescindible en un futuro evolucionado y en un panorama de progreso.

Es curioso que se ofrezcan en algunos mercados agrícolas, manzanas, peras u otros productos, criados sin contaminar, es decir en una parcela "natural" sin abonos químicos ni protección de pesticidas, productos que "naturalmente" son mucho menos viables y en consecuencia siete u ocho veces más caros. Sin embargo, por otra parte se ha podido constatar que la leche materna que las mujeres "naturalistas" ofrecen a sus bebés está tan contaminada que no resistiría el más elemental control de calidad que se aplica en las plantas embotelladoras.

La Ecología se está hoy entendiendo en el Mundo de forma equivocada y quizás haya que crear otro término, quizás Neoecología, para dar a conocer al mundo que los criterios de conservación del "Sistema" tienen qué ser compatibles con el progreso, porque éste es irreversible. En todo caso, quizás haya que modificar las propias esencias de nuestro sistema para que pueda seguir su curso de evolución.

Si los grandes petroleros contaminaban los mares en sus accidentes, y amenazaban a la fauna marina y a las aves costeras, el camino no podía ser suprimir los petroleros sino buscar nuevas fórmulas de equilibrio ecológico. Así en este ejemplo se ha creado artificialmente una bacteria que se alimenta de petróleo y que puede resolver estos problemas con un procedimiento "natural". Creo que ha sido la primera vez que se ha patentado un organismo vivo. La Ingeniería Genética nace como respuesta para que la Sociedad pueda seguir alimentando el Progreso.

La obra artificial del Hombre llega a penetrar en la "administración" del orden natural, y por supuesto las soluciones identificadas en la Naturaleza fertilizan constantemente nuestra creación sintética. Los criterios biológicos se aplican a las organizaciones humanas y muchas veces se tratan de ordenar las agrupaciones sociales o empresariales con lógica de Sistemas.

Paradójicamente, nuestra permanente búsqueda de la contradicción nos lleva a incurrir en defectos que son absolutamente anti biológicos. El sistema nervioso de un organismo vivo, está determinado desde la concepción, e incluso las células nerviosas que utilizamos son estables e irreproducibles. Sin embargo en las organizaciones sociales, estamos permanentemente cambiando la asignación de personas a los lugares de decisión, y los cuadros directivos tienden a ser cada vez más inestables.

Por otro lado tenemos el empeño de descifrar los secretos biológicos para poder llegar a intervenir en las "decisiones" biológicas y necesitaremos de la Biología para poder atender las futuras necesidades sociales. Y desde luego tendremos que intervenir en nuestro propio desarrollo biológico, aunque ponga los pelos de punta pensar en los posibles "accidentes" genéticos. Todo menos volver la espalda al progreso, porque para no "caernos de la bicicleta hay que seguir dando a los pedales".

3.- El producto del Hombre

La Sociedad humana se ha impuesto una línea de acción dinámica que busca el progreso, la mejora de las condiciones de vida de las personas, y la escalada del conocimiento y de la conciencia social. Quizás los objetivos comunitarios de la especie no estén claros a largo plazo y el camino del futuro esté lleno de interrogantes, de angustia e incluso de desesperación, pero el Hombre tiene un "mandato" individual inconsciente para la creación.

El trabajo productivo es una motivación irracional, y no hay satisfacción más íntima que la conciencia de haber sido fértil y haber creado o producido algo útil o aportado un valor añadido al entorno que nos rodea. El agotamiento físico, o la simple fatiga es algo que se disfruta cuando se adquiere con la conciencia del "deber cumplido", y el paulatino deterioro de nuestra condición física queda compensado con creces con un fortalecimiento de nuestra conciencia y de nuestro plano psíquico.

La Sociedad sintetiza todos los afanes individuales y capitaliza propiedades para lo colectivo, pero también tiene la misión de ordenar y administrar eficazmente el patrimonio social y ello precisa de una adecuada organizaci6n del "Conocimiento" adquirido. Por ello estamos construyendo un "Árbol de la Ciencia Artificial' que ponga sus frutos al alcance de los individuos y les permita alimentar sus ciclos de producción en la obra social incorporando nuevas "esencias" con un desarrollo armónico proporcionado por las leyes de los Sistemas.

El Hombre tiene claro que el servicio a la Ciencia es un servicio a la Humanidad y se va "inmolando" por esta causa, hasta el punto de que tras las paredes de los laboratorios han surgido mas héroes que en las grandes batallas de la Historia, y por eso el desafío tecnológico ha cobrado más víctimas que las confrontaciones bélicas.

La construcción del "Árbol de la Ciencia" es una obra multinacional, y toda aportación es incorporada al patrimonio común sin distinción del sistema político de donde procede y sin exclusivas barreras arancelarias, aunque todavía la asimilación de algunos hallazgos haya de diferirse por las protecciones de los Estados en materia de seguridad nacional. El "Árbol de la Ciencia" es global y es único y de él se alimenta la Sociedad para sustentar la actividad social que es a su vez el elemento fertilizante que va a continuar enriqueciéndolo.

De un "Árbol de la Ciencia Natural" cuyas leyes formales el Hombre desconoce, y de una acción natural que le viene impuesta y por lo tanto no dirige ni tan siquiera controla, el Hombre tiene que ir sintetizando su experiencia en un "Árbol de la Ciencia Artificial", del que ya va a conocer sus leyes porque sean buenas o malas es él quien las ha formulado. Con él que puede abordarse la actividad productiva con las posibilidades de dirigir y controlar los procesos, además de liberar importantes servidumbres. Sin embargo, la experiencia y el conocimiento se adquieren en gran parte de la identificación del comportamiento de la Naturaleza, que es la fuente de donde "hay que extraer la semilla para hacer germinar la obra artificial.

Así la Sociedad Humana está permanentemente tratando de identificar las características de la Naturaleza de donde procede, aprendiendo de ella sus leyes, sus soluciones técnicas y el comportamiento fenomenológico, todo ello como requisito necesario para la emancipación y la consecución de la autonomía. Es como un proceso de búsqueda de la libertad en el que renunciamos poco a poco a seguir las trayectorias que nos han sido marcadas para pasar a trazar nuestros propios caminos, aunque a la vez tengamos que aprender a caminar y tengamos que perfeccionar nuestros criterios para poder orientarnos y saber a dónde realmente deseamos y podernos dirigirnos.

La asimilación de los secretos de la Física, de la Biología, de la Cibernética,... etc., y la progresiva emancipación respecto del Orden Natural, nos va convirtiendo en timoneles de nuestra propia andadura, y nos hace avanzar en una tendencia de responsabilidad cada vez mayor sobre el futuro de la Sociedad. El Camino comienza a ser una verdadera guerra contra el Medio porque el proceso de artificialización es una "confrontación" con lo natural. Desarrollar lo artificial lleva implícito el desafío al Medio porque implica influir en él, modificarlo y dirigirlo en alguna manera. Comenzamos con la Agricultura interviniendo en la vida vegetal para ponerla a nuestro servicio, influimos en las especies animales interviniendo los procesos genéticos, produciendo híbridos que sirven mejor a nuestros intereses, exterminando colonias enteras de vida animal porque las consideramos peligrosas para nuestra seguridad o simplemente para utilizarlos como materia prima, horadamos la tierra para extraer los productos que nos interesan, o talamos los bosques para utilizar la madera, o tantas otras cosas.

El Medio Ambiente. que con su acción selectiva ha sido árbitro del desarrollo de la vida, es agredido por el Hombre que necesita transformarlo. Si antes las condiciones climáticas condenaban a una región a ser desértica, ahora la acción del Hombre puede tornarla en vergel llegándose incluso a inducir cambios en el clima. Incluso se llega a la osadía de producir artificialmente la lluvia cuando otrora solamente cabía implorar a los dioses. Los ríos ven cambiar drásticamente su función y ya no sólo participan en el ciclo natural del agua sino también en el reciclaje de las evacuaciones de residuos de centros urbanos y fabriles, y la contaminación de las aguas es problema que ya afecta a los mares e incluso a los hielos polares cuyos índices de reflexión y absorción de las radiaciones parece que empieza a alterarse.

Todo esto ocurre en medio de una escalada continua de consumo de energía, y por tanto de actividad industrial y de agresión en general al Medio, y ya hay serías preocupaciones por el deterioro del Ecosistema. Se pone en duda su capacidad para auto regenerarse, y el Hombre tendrá que tomar a su cargo en el futuro la pesada tarea de preservarlo, porque necesita tener un entorno habitable, al menos hasta que aprenda a manipular los procesos biológicos.

Esta línea de progresión hacia lo artificial y la guerra de independencia contra el Medio Ambiente, está soportada en una continua búsqueda del conocimiento que el Hombre necesita incorporar constantemente. Las cotas de conocimiento que cada hombre posee habrán de ser constantemente elevadas, como si existiera un desafío universal al Más Allá, como si alcanzar lo desconocido fuera una meta permanente, o simplemente como si se tratara del "pedaleo" de un "ciclista" que ha de ser continuado para mantener el equilibrio y la trayectoria.

El desarrollo del Conocimiento es un producto claro de la actividad humana, y ciertamente es una de las finalidades esenciales, aunque también es un medio obligado para el propio ejercicio de la actividad. De cualquier forma, por cada uno de los dos propósitos, el Hombre utilizará este conocimiento para poder intervenir en la direcd6n de su propia evolución. Las leyes biológicas serán condicionadas por el Hombre, y la Genética será una ciencia de lo artificial. Quizás sea la primera semana de abril de 1979 el umbral en el tiempo de donde arranca esta tendencia de forma decidida, cuando un Tribunal de Apelación de Patentes en los Estados Unidos, en decisión histórica, dictamina que las nuevas formas de vida creadas por los científicos en los laboratorios pueden ser patentadas.

La Oficina de Patentes de los Estados Unidos habría rechazado la inscripción de microorganismos alegando que eran productos de la Naturaleza. En primer lugar unas cepas de bacterias conseguidas por Malcom Bergy en laboratorio, que bajo determinadas circunstancias producen un antibiótico llamado "lincomicina", invento que adquirió una empresa de Michigan. Después, en la compañía General Electric se "inventa" una cepa de bacterias que no se da espontáneamente en la Naturaleza y que produce unos enzimas que descomponen el petróleo y son de posible gran utilidad para neutralizar las "mareas negras". El Tribunal de Apelación dictaminó que el hecho de que los microorganismos sean seres vivos no tiene significado legal y no deben por lo tanto recibir un tratamiento legal distinto que los compuestos químicos cuando se trata de registrar una patente.

Una vez más, la Ley, desvinculada de cualquier contenido ideológico o finalista, ampara la actividad humana y acepta el producto del trabajo del científico como propiedad intelectual, aunque se trate de seres vivos y aunque suscite enormes implicaciones de carácter moral y económico. No cabe duda de que la Ingeniería Genética es una ciencia naciente que a partir de aquí se verá impulsada por diversas motivaciones, y desde luego por la económica.

Por otro lado, es en el campo social, en el que el progreso humano vierte la fecundidad del conocimiento adquirido por los individuos. El Sistema Social es en su mayor parte una creación artificial, pues las estructuras sociales que tenernos son de nuevo cuño, con la sola excepción de la familia, y por extensión la "camada" o la "estirpe", y aún así las estructuras familiares adoptan nuevos patrones, cada vez mas desvinculados de las fórmulas naturales.

La obra artificial requiere de nuevas estructuras sociales que la dirijan y controlen, porque la actividad humana ya es muy compleja y no pueden dirigirla los hombres, sino los Colectivos o las Organizaciones.

Así estarnos continuamente produciendo nuevos núcleos sociales e integrando los ya existentes, desarrollando "conciencias sociales" y subordinando los intereses individuales á la potenciación de lo colectivo, aunque aquí está el principal punto de conflicto que divide actualmente a los hombres en cuanto a las fórmulas de acción política que más convienen a la Sociedad.

Lo colectivo tiene que permitir el progreso y la libertad de las individualidades, pero éstas a su vez tienen que supeditarse a los intereses colectivos. Difícil statu-quo que ningún planteamiento político ha sabido todavía abordar con fórmulas suficientemente claras y precisas como para imponerse de forma universal. La lucha entre las diferentes tendencias políticas es una búsqueda de la unidad de criterio y una vía para la adquisición de conciencia social.

El desarrollo psíquico, que permite mayor "comunicación" entre los seres humanos que la derivada del uso del lenguaje o de los sentidos corporales, es un instrumento para el desarrollo de las conciencias sociales y quizás el camino para llegar a construir una Conciencia

142

Social Unitaria que dirija la obra artificial. Una especie de Criterio Supremo de la especie humana que sea el punto central del que emanen de forma armoniosa y en proporciones sabiamente dosificadas las líneas de acción en las diferentes parcelas que cultiva el Hombre. En cuanto más integrado está un Sistema, más necesarios son los órganos supremos de dirección y más vulnerable es a la inercia y más posible es el caos, aunque ello parezca paradójico. Por esto quizás la principal misión que el género humano tiene ahora planteada sea construir "Conciencias Colectivas" y criterios de acción universales, ello sustentado en Estructuras Humanas estables y fuertemente interrelacionadas edificadas sobre afinidades, ideologías, intereses, usos y costumbres, sexo, idioma, ... etc.

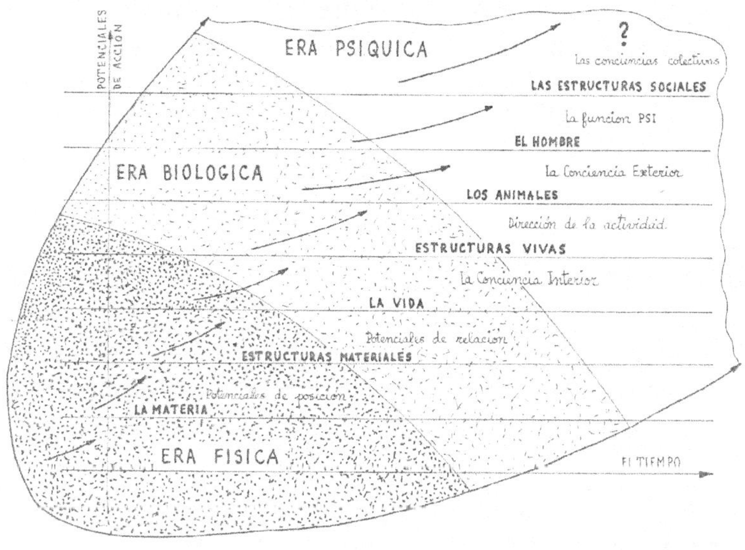

Figura 10

En la figura 10 se presenta un esquema qué recoge los principales umbrales de la Cadena de la Evolución en un estilo más hermético que científico, pero en una secuencia de desarrollo que necesariamente tiene que contemplar todo aquel que se pregunte hasta donde se dirige el Hombre, cual es su razón de ser y cómo hay que encuadrar el desarrollo social en unos fines y unos ideales, y que motivaciones y actitudes hay que proclamar.

La aparición de la vida sobre la Tierra marca el paso de la Era Física a la Era Biológica, y este umbral se traspasa después de una lenta evolución en la que la Materia se organiza y se alcanzan grandes niveles de energía potencial. La Vida es una proclamación de la fecundidad de la Materia y con la Era Biológica se abre un periodo de desarrollo basado en lo probable y lo posible dentro de un esquema de libertad condicionada. La Conciencia Interior es una adquisición de los seres vivos que como sistemas que son requieren de órganos de dirección y de control.

El desarrollo evolutivo progresa de acuerdo con los grados de libertad disponibles, y los principios de subsidiariedad y las leyes de los sistemas permiten el aumento de la complejidad, la especialización, y la consecución de estructuras vivas de orden superior, El Reino Animal campea sobre la Tierra y se prepara el momento histórico. El Rey de la Creación aparece en el entorno y con él se abre la Era Psíquica.

La aparición del Hombre sobre la Tierra supone la consecución del principal objetivo de la Era Biológica y supone también la adquisición de la "Unidad de Acción" más importante con que hasta la fecha cuenta nuestro pequeño mundo. El Hombre se aplica en primera aproximación hacia la adquisición de la Conciencia Exterior, pecado "Original" con el que inaugura la obra artificial y la aventura social. El progreso ya no está basado solo en una libertad condicionada por una evolución "probable" y por un desarrollo "posible", porque la voluntad del Hombre puede influir a partir de aquí en todo el proceso. Su capacidad de manipular la Biología le permite trascender de lo simplemente probable a lo razonadamente impuesto y su capacidad de dominar al Medio Ambiente le permite ensanchar considerablemente el marco de lo viable.

La aventura social progresa rápidamente, las Conciencias Colectivas van cristalizando poco a poco y mientras tanto el entorno se va tornando artificial. La Biología, es un instrumento que se va quedando pequeño, lo mismo que la propia condición humana, y el Colectivo Humano comienza a colocar los cimientos de una nueva Era en la Evolución.

El Hijo del Hombre está próximo en el horizonte:

> *Antes de   sentir los dolores*
> *dio a luz;*
> *antes de venirle los espasmos*
> *dio a luz un niño.*
> *Quién oyó cosa parecida?*
> *Quién vio cosa semejante?*
> *Nace un país*
> *en un sólo día?*
> *Es dado a luz un pueblo*
> *de una sola vez?* (Isaias 66, 7 y 8)

3.1.- Las estructuras humanas. Los grupos sociales.

Desde que el Hombre adquiere Conciencia Exterior se convierte en la unidad de acción y el elemento dinámico activo del fenómeno social. La convivencia con sus semejantes y el ejercicio de la actividad en común ya no va simplemente a reducirse a los estrechos límites del entorno físico ni tampoco va a ser producto de un mandato del instinto, sino que aparece el concepto de "entorno social" para hacer cada vez mas fértil su actividad. Antes, su aventura en lo colectivo se limitaba a una vivencia en la familia, la camada o incluso en la tribu, después, ya traspasado el umbral del conocimiento, las interrelaciones entre las personas son cada vez más diversas, responden a motivaciones cada vez más numerosas, y además el "radio de acción" está constantemente aumentando.

La Raza, la Estirpe, la Familia, son las estructuras humanas más antiguas y más sólidas porque se establecen por herencia, y en consecuencia son estructuras naturales impuestas en las que el Hombre está integrado de forma obligada. Quizás sea la tribu la primera estructura social artificial que ya responde a una voluntad especifica cómo es la de asociarse y abordar en grupo la lucha por la existencia. Sin embargo, la Tribu no pasa de ser una comunidad configurada por el instinto, semejante a las diversas "colonias" observables en la vida animal. Tuvo que pasar todavía mucho tiempo para que el Hombre dejara de ser un "accidente" social pará pasar a ser elemento activo y prendiera en él un espíritu cooperativo.

La escalada del Conocimiento permitió comenzar a sintetizar las experiencias y a identificar esquemas abstractos a partir de los sucesos realmente vividos, y así comienzan a formalizarse los lenguajes como fórmula de comunicación entre los seres humanos que permite una cierta desvinculación de los sentimientos respecto del objeto de la comunicación, y lo que es decisivamente relevante, que hace posible una cierta independencia del conocimiento respecto del tiempo y de la distancia, lo que posibilita el que "el saber" se vaya acumulando. Con ello el Hombre va capitalizando su experiencia y va fortaleciendo sus criterios y sus fórmulas de acción, con lo que podrá ir atenuando las diversas limitaciones que le impone el Medio Ambiente.

Así, a las primeras estructuras sociales que eran impuestas por el sistema genético, van a superponerse otras muchas como complemento. Son artificiales porque son fruto del genio y de la creación humana, que han podido ensanchar el marco social de relación, ganándole espacio al entorno y abriendo un horizonte casi infinito para la aventura colectiva.

El Hombre advierte que la actividad humana requiere cada vez más de la asociación y del concurso colectivo y a medida que amplía sus plataformas o núcleos de acción tiene que incorporar grupos sociales de nuevo cuño. Por otra parte, el camino de la cooperación lleva en sí misma la potencia de incrementarse, porque las personas al poseer más cultura y estar más relacionadas, tienen también un mayor bagaje de afinidades que son base del éxito de la acción colectiva, y ésta última también a su vez es generadora de cohesión y sintonía entre los individuos participantes.

El fenómeno social permite que el Hombre esté cada vez más interrelacionado en el Mundo y en consecuencia el producto del Hombre se diluya en colectivos, aunque el individuo siga siendo la unidad de acción. Dicho de otra manera, la acción de los individuos se va canalizando a través de las colectividades en las que participa.

Cada vez hay estructuras humanas más complejas y de mayor dimensión, y cada vez responden a tipos más diversos, en la misma forma que diversas son cada vez más las plataformas de acción desde donde se opera la actividad humana. Vamos a hacer una pequeña incursión. en algunos diferentes tipos de grupos sociales, sin pretender establecer una jerarquía ni tan siquiera hacer un análisis formal, sino como medio de reflexión para unas posteriores conclusiones acerca del comportamiento de un grupo social en general y de la evolución que cabe esperar en el futuro. Examinemos por lo tanto las diferentes plataformas o núcleos básicos de actividad:

- **La Herencia**.
  El Árbol Genealógico constituye la raíz genética del individuo y de él obtiene todo el conjunto de características iniciales sobre las que tendrá que edificar su identidad. Por medio de los mecanismos de la herencia, cada individuo está integrado con sus antepasados, pues no en vano es un compendio de estos. Los antepasados se "diluyen" aportando sus características a los descendientes, en menor medida y con menor intensidad para las generaciones más lejanas, igual que el eco se extingue en el horizonte. De la misma forma, cada individuo obtiene características en mayor grado de sus ancestros más próximos, aunque ciertamente hay todo un juego de influencias, regresiones, dominancias.... que no vienen al caso.

Los puntos comunes que cada persona tiene obligadamente con su estirpe no son negociables, y seguirán siendo comunes aún en el caso de que el individuo viva separado de su familia o reniegue de su ascendencia.

Generalmente, además, la relación paterno-filial es el soporte en el que comienza la vida social y el canal de relación donde se adquieren las primeras experiencias, aunque cada vez, por ley de desarrollo social, ese segundo cordón umbilical que une a un individuo con sus padres hasta edades púberes e incluso adultas, se va rompiendo más precozmente.

La misma tendencia de desarrollo, hace que el entorno social de las personas sea cada vez más amplio con lo que las nuevas "ramas" de los arboles genéticos van a tener más posibilidades de renovación, ya que la distancia, las costumbres, o la clase social no van a ser obstáculo para la unión hombre-mujer. Las estirpes tienden en consecuencia a estar cada vez más interrelacionadas y las personas a tener más afinidades, simplemente en razón de la herencia genética.

- **Residencia**.
El lugar de residencia viene a ser el centro geográfico del entorno social de un individuo, algo así como el kilómetro cero del "camino" que cada día hay que recorrer. Es una de las cosas de las que curiosamente no puede prescindirse, y la propia legislación civil parece que nos obliga a tener un domicilio, hasta el punto de que el término "domicilio desconocido" nos ofrece automáticamente la imagen de alguien que está al margen de la ley. Incluso a las "personas jurídicas" se les exige tener una razón social.

Que cada persona tenga un punto principal de residencia, tiene un cierto entronque con el concepto de propiedad privada, porque el hecho de poseer pertenencias obliga ciertamente a tener una estación más o menos fija. En una sociedad teórica que fuera absolutamente igualitaria y colectivista, el punto esencial de referencia pasaría a ser el centro de trabajo, o incluso podría llegarse a perder el punto de referencia como algo relativo a una localizáci6n geográfica.

Lo cierto es que la estructura geográfica es tan esencial que constituye el factor más importante de asociación que influye en la obra del Hombre. La organización territorial de Naciones, Regiones, Ciudades y Pueblos configuran el principal esquema de estructuras sociales, ordenación por la que el Hombre ha estado desde antaño dispuesto a empuñar las armas e incluso a ofrecer su vida.

El sentimiento nacionalista, aunque socialmente es regresivo y habrá que considerarlo cada vez más como un atavismo sigue siendo un valor de alta prioridad, y por desgracia todavía las pugnas territoriales llegan a ser cruentas y en todo caso siguen ocupando una parte relevante del quehacer político.

El desarrollo social internacionaliza a los hombres y a sus obras, y tanto el comercio, como el turismo, como el simple intercambio de información, o la actividad común, une cada vez más a los diferentes países. Por esto se establecen fórmulas de cooperación entre naciones que ya de antemano admiten llegar a desembocar a largo plazo en la unidad política, y también por eso en el otro lado de la moneda, surge la reacción antagonista de un acento más acusado de los movimientos regionales, corno si el atavismo tribal hubiera de replegarse a posiciones defensivas ante el avance de la intercomunicación social.

También es un hecho en los países más desarrollados, que el marco de la actividad política que más interesa a los ciudadanos sea el de las circunscripciones locales porque se identifica el nivel "ciudad" como el más susceptible de poder seguir teniendo planteamientos propios y en cierto modo independientes, y porque estos tienen una influencia directa en los residentes.

Las asociaciones de vecinos son grupos sociales de acción, muy característicos en las grandes ciudades, que se constituyen para expresar el punto de vista colectivo ante las cuestiones que localmente pudieran afectarles y para situar unitariamente si llega el caso en defensa de los intereses comunes. Obsérvese que ésta figura es genuina de la ciudad, en la que por razones de dimensión y complejidad, la dinámica del municipio genera que los ciudadanos se agrupen y constituyan estas estructuras intermedias entre el ciudadano individual y los administradores municipales que en los pueblos y pequeñas localidades no es en general de aplicación.

- **El Entorno Social.**
El Entorno Social de un individuo es algo así como el marco de sus relaciones con la Sociedad, incluyendo todo el paquete de afinidades con los otros individuos o entidades con los que se relaciona, bien sea por "razones de convivencia, de afinidad política, de sintonía ideológica, por motivos culturales, deportivos,.... etc. La estructura de relación trasciende del tiempo y de la distancia, y el entorno va ensanchándose para cada persona a medida que va identificando los "puntos de contacto" que tiene con sus semejantes.

El concepto de Amistad es la piedra angular sobre la que se edifica la relación social, aunque paradójicamente no tengamos ideas claras de qué es un amigo, ni pueda declararse a nivel de "estatuto" cuál es la relación de amistad entre dos personas. Es más, ninguna persona está generalmente segura de sus amigos, e incluso las relaciones entre amigos suelen establecerse con una frontera que limita el nivel de confianza. El concepto es muy subjetivo y además luego en la práctica la amistad no se traduce en influencias que guarden relación con el grado de sintonía entre las personas, siendo muy frecuente que los individuos tomen consejos de otros con absoluta independencia del grado de amistad.

Las relaciones de amistad son objeto de interés preferente de los padres en la educación de los hijos, y aún así las personas se hacen adultas sin saber evaluar correctamente el interés o conveniencia en estas relaciones. Quizás por ello hay multiplicidad de dichos y consejos populares que avisan sobre esta materia y por esto se encuentra consejo sobre la amistad en los libros de formación espiritual de las más antiguas referencias.

En Eclesiástico 6. 5:

> *" La boca amable multiplicará sus amigos,*
> *y la lengua afable multiplicará amabilidades.*
> *Que sean numerosos los que en paz viven contigo;*
> *pero tus consejeros, uno entre mil.*
> *Si consigues un amigo, consíguelo en la prueba;*
> *y no confíes de pronto en él.*
> *Porque hay amigo que lo es de conveniencia,*
> *y no estará a tu lado el día de tu tribulación.*
> *Hay amigo que se vuelve enemigo,*
> *y pondrá al descubierto tu litigio vergonzoso,*
> *y hay amigo que comparte tu mesa;*
> *pero no estará a tu lado en el día de tu tribulación.*
> *En tu prosperidad será otro tú,*
> *y tratará con espontaneidad a tus servidores.*
> *Pero si eres humillado, estará contra ti,*
> *y se ocultará de tu rostro.*
> *Apártate de tus enemigos,*
> *y ten cuidado con tus amigos.*
> *El amigo fiel es sólido refugio;*
> *quien lo encuentra, ha encontrado un tesoro.*
> *El amigo fiel no tiene precio*
> *y no hay pesa para su valor.*

Quizás la Amistad sea simplemente una cuestión de tipo instrumental, más bien un vehículo para explorar el entorno social y permitir a los individuos que vayan identificando los diferentes colectivos en los que van a ir integrándose a lo largo de su vida. La Amistad produce en los niños y adolescentes un continuo debate sobre sus inquietudes, deseos, intereses, sobre sus relaciones familiares,....etc., y la "pandilla" es un primer esbozo del entorno social que se va a ir edificando.

La Amistad es en realidad una figura coyuntural aunque incluso pueda producirse en continuidad entre las personas, y como vehículo para el desarrollo social sólo tiene interés en cuanto que hace posible que las personas piensen y actúen en común y en consecuencia se comuniquen criterios, conceptos y motivaciones, y establezcan objetivos y acciones comunes. Este fenómeno de afinidad se produce para cuestiones muy concretas del ámbito de interés de las personas, y por regla general a mayor madurez de una persona, más restringido es y más identificado tiene lo que le une a cada uno de sus amigos.

Por este principio de relación se formalizan estructuras humanas de carácter voluntario, como puedan ser los clubs, las comunidades ideológicas, las asociaciones culturales, los partidos políticos, ... etc.. Sin embargo quizás tenga más influencia en el desarrollo de las personas la participación en asociaciones humanas en las que su nexo de unión es abstracto e independiente de una relación humana previa.

Por ejemplo, el Colegio. la Universidad, la Comunidad de Vecinos o el Servicio Militar, colocan a las personas en unos entornos a los que no se han aproximado por vía de la convivencia humana, sino en razón de circunstancias sociales artificiales, muchas veces sin ser incluso decididas libremente sino impuestas.

En estos entornos "artificiales" se genera igualmente el proceso de la convivencia humana, y la relación entre las personas se amplía desde el factor social que los puso en contacto hasta todos los sectores de afinidad que sean capaces de ir identificando.

A medida que el Hombre adquiere mayor experiencia de relación con sus semejantes, más va identificando los "puntos de contacto" que tiene en su entorno social y sus criterios se van haciendo más autónomos, poniéndose al abrigo de influencias irracionales que pueda recibir de otras personas. A base de participar cada vez más en la aventura colectiva, el individuo va perfilando cada vez más su personalidad y se va haciendo más libre, pero ello a condición de que el proceso se produzca con una creciente adquisición de conocimiento, y de que su patrimonio cultural adquiera la suficiente amplitud de conceptos para poder contemplar su propio entorno.

Si el individuo alcanza esta cota de libertad estará en condiciones de ser consciente de que en sí mismo constituye un "proyecto" del que él mismo es su propio Director. Y estará en condiciones de ir "moldeando" su participación en la aventura colectiva y en consecuencia de modificar su propio entorno integrándose o separándose de las diferentes "afinidades sociales" según dictado de su libre albedrío. En el caso contrario, el individuo "navega" en la vida "a la deriva" en el seno de los entornos en los que circunstancialmente participa.

Para que pueda compatibilizarse la potencia creciente de los colectivos con el desarrollo de la libertad individual, es imprescindible que los colectivos humanos cuya constitución ha sido impuesta o bien se ha formalizado con valores abstractos (asociaciones que decíamos influyen básicamente en el desarrollo individual) estén dirigidos con el mayor respeto hacia estos objetivos y esto constituye en definitiva la tarea política de la que nos ocuparemos más adelante (punto 3.3).

- **El amor**.
  El amor humano está claro que constituye un núcleo de acción importante en el desarrollo social. Las simples relaciones de afec-

to polarizan de hecho las actividades comunes de los individuos y es sin duda un ingrediente que fertiliza la comunicación.

No vamos a resaltar por obvio el papel que juegan el amor y el sexo en las relaciones humanas, sino simplemente destacar que asociación tan decisiva en el concierto social como es el Matrimonio, institución base de la estirpe, está sustentado por éstos factores cada vez en mayor grado. Si en tiempos pasados, no muy lejanos, una persona habría de elegir a su compañero o compañera de entre un reducido núcleo social, ahora al haberse ensanchado el espacio vital de los individuos, las oportunidades de selección son mayores y hay una mayor "libertad" para la decisión en esta materia.

Paradójicamente cuando el Hombre era más irracional, se imponía la razón de la proximidad y la convivencia en la formalización de los núcleos familiares, mientras que en la actual etapa humana en que el racionalismo suele presidir el ejercicio de las voluntades, las mayores posibilidades de contacto social pueden permitir que el sentimiento irracional del amor se manifieste con más intensidad y pueda en consecuencia tener una mayor influencia. Las clases sociales están también aproximándose cada vez más y los condicionantes socioeconómicos tienen cada vez menos trascendencia en el contrato matrimonial. El mandato del instinto se puede imponer protegido por el progreso de la razón.

- **El Trabajo**.
  El Trabajo tiene un peso específico absolutamente relevante en la conformación de esquemas colectivos de conciencia. A la actividad profesional el Hombre dedica la mayor parte de su tiempo, y en él aplica su conocimiento y su esfuerzo de una forma continuada al servicio de una empresa colectiva. Esta concurrencia de voluntades tiene una dimensión superior a la del propio fenómeno de la Producción, porque es fuente generadora de potencias colectivas que acreditan valores superiores a los que cabría obtener por

la simple suma de características individuales. El "*know how*" es patrimonio de asociaciones y no de individuos porque la "ciencia" se aplica en los gremios y reside en ellos.

Las grandes obras realizadas en la antigüedad reunían durante largos periodos a los trabajadores y a sus familias y se constituían grupos sociales que llegaban a generar verdaderos focos de cultura y de progreso del pensamiento. Con un cierto aislamiento propio de las dificultades de comunicaci6n de las épocas pasadas, las catedrales, las pirámides, las murallas; o tantas otras obras, aglutinaban la vida de varias generaciones unidas a una finalidad común. Incluso llegaban a formalizarse modalidades propias de lenguaje, porque la gran obra venía a significar la creación de una "región "artificial con valores "étnicos" propios. No en vano el concepto de "argot" procede de "arte gótico".

Sin embargo, por otro lado, aparte de las grandes obras y de las grandes guerras, la actividad productiva del Hombre estaba muy individualizada. El pastoreo, la faena agrícola o el artesanado, aunque llegaban a forjar oficios y gremios profesionales, su ejercicio estaba demasiado atomizado para poder servir de vehículo a una progresión efectiva de la conciencia humana. Predominaba la relación social derivada de la situación geográfica más que la relación profesional. Los núcleos de pensamiento estaban así mismo aislados y se refugiaban tras los muros de los monasterios, ó bajo el misterioso velo de lo secreto y lo oculto, corno en reconocimiento de su desconexión con la vida real.

La revolución industrial, al transformar el artesanado en industria, amplió la dimensión de los centros de trabajo y con ello empezó a "condensarse" una fertilidad de las conciencias que estaba "vaporizada "en el ambiente, igual que se condensa el agua de la atmósfera para dar vida a los campos.

El ciclo del agua que era el soporte del fenómeno biológico y la base de la Agricultura y de la Ganadería, sigue siendo en su nueva versión de "ciclo de vapor de agua" soporte del desarrollo de la Industria. Paralelamente, si con el agua se "alimentaba" esencialmente nuestra naturaleza física, el vapor va a "hacer posible" el desarrollo de nuestra naturaleza psíquica, porque el fenómeno industrial supone la consagración del mundo de lo artificial y este es un horizonte abierto para las conciencias colectivas.

La producción industrial moviliza a conjuntos numerosos de personas que han de concurrir, procedentes de muy diversas regiones y estratos sociales y profesionales, para "acoplarse" a un proceso organizado. La actividad de las personas está generalmente determinada y tiene lugar en unas secuencias rítmicas que en conjunto hacen posible la consecución de objetivos complejos, igual que la sucesión de notas musicales componen en el pentagrama una sinfonía.

El ejercicio de la actividad laboral se produce dentro de un "Sistema", y los individuos que la realizan influyen y son influidos en y por el "Sistema". El Hombre dedica la mayor parte de su vida a aportar el esfuerzo personal en el Sistema productivo, y éste es una entidad que se irá decantando en función de las aportaciones individuales, reuniendo todo un paquete de criterios, procedimientos, y hasta objetivos, que son una consecuencia del caudal humano que concurre. Dualmente, el individuo está cada vez más polarizado por la influencia que recibe del sistema productivo, y esta influencia es en definitiva una impronta de la comunidad de conciencias que componen el entorno laboral.

En él quehacer industrial viene a reproducirse la fenomenología de lo colectivo de las grandes obras de la antigüedad incorporando nuevos valores añadidos. Los objetivos de la producción son repetitivos, es decir hay continuidad, y como además hay contraste de la finalidad perseguida con las consecuciones reales, hay toda una dinámica industrial que, siguiendo las leyes de los sistemas, busca la mejora del rendimiento y el planteamiento de objetivos cada vez superiores. Las industrias se hacen cada vez más sofisticadas porque los sistemas tienden a la complejidad, y los hombres se especializan porque es necesaria la diferenciación. La división del trabajo es el verdadero motor que consolida las diferentes profesiones y gremios, y se van constituyendo también conciencias colectivas que reúnen los criterios de los diferentes grupos laborales y sociales participantes.

La universalidad, es quizás la característica más importante del desarrollo industrial, porque la actividad laboral alcanza ya a todos los sectores humanos y áreas geográficas. Las poblaciones activas son cada vez mayores y la vinculación de los individuos a lo colectivo por la vía del trabajo es condición universal.

Por otra parte, la Ciencia se desarrolla como base del desarrollo tecnológico e industrial, y por encima de fronteras, patentes, intereses e ideologías, hay un trasvase de tecnología que supone de hecho que se progrese por sectores económicos y no por empresas o países. Las conciencias humanas se integran en colectividades de más amplio marco que la propia empresa, gremio o núcleo social, y asimismo aparece la empresa multinacional como elemento que va a tener una importancia capital. La empresa multinacional viene a representar entre otras cosas un umbral que marca la aparición de potencias industriales supranacionales como una superación de los regionalismos. El factor geográfico, superado por el progreso de las comunicaciones, deja de ser motor fundamental de la aventura colectiva para ceder el relevo a lo socioeconómico y en consecuencia al mundo del trabajo.

La lucha de clases fue también un factor impulsor de desarrollo de la conciencia colectiva por la vía del trabajo, y los sindicatos, asociaciones profesionales, asociaciones de consumidores, clubs de empresarios,....etc., son nuevos eslabones que han surgido. La generalización de la "persona jurídica" quizás sea una síntesis por la que podemos identificar la evolución de los colectivos.

• **Actividad Espiritual.**

Era el único terreno que en la antigüedad alcanzó dimensión ecuménica. El Hombre, con un escaso espacio vital, se identificaba como miembro de entidades colectivas por la vía espiritual. Las Órdenes Religiosas, y las diferentes Comuniones, dominando los cotos de la Ciencia y del Poder, contribuían a universalizar las inquietudes espirituales y "ofrecían" al mundo valores eternos ya "manufacturados" listos para ser incorporados a las conciencias.

El avance notable de desarrollo del conocimiento, que tuvo lugar en las comunidades espirituales, llegó al encuentro de los núcleos ocultistas, muchos de ellos laicos, y se configuraron las Sociedades Secretas como vehículo de unión entre el progreso del conocimiento y el desarrollo social. Desde los más antiguos Serpentarios, pasando por los Templarios, o los Rosacruces, por no citar modernas versiones ya desvirtuadas, se proponían influir en el desarrollo de las conciencias colectivas y por esto conjugaban lo espiritual con lo funcional.

La escalada del conocimiento y el progreso de la comunicación humana comenzó a relegar a segundo plano la revelación espiritual, y el Concilio Vaticano II es un diagnóstico de cómo hay que dejar de impartir carismas para comunicar en su lugar razonamientos y reflexiones. Sin embargo, el progreso de la Ciencia Artificial ha desbordado el ritmo, que debía de ser paralelo, de desarrollo espiritual de los individuos, y aunque se conformen constantemente nuevos colectivos, el Hombre se resiente corno unidad individual.

El materialismo creciente que germina en la Sociedad Humana ha supuesto una pérdida de "valores" que como reacción antagonista ha vuelto a promover la vía espiritual irracional para la "búsqueda" humana. De aquí' el éxito de lo neo-oriental, de la Parapsicología, de la Ufología, de las sociedades místicas, y de tantas otras manifestaciones que agrupan a las conciencias en torno a lo irracional.

- **La Educación**.

Es ni más ni menos que el proceso que permite "llenar" de cultura esa "página en blanco" que traemos al nacer. Empezando por el primer aprendizaje en familia, pasando por la etapa escolar, y continuando con la fase universitaria o bien con el aprendizaje de un oficio o una profesión, todo este largo camino está prácticamente impuesto, porque aún cuando en la adolescencia ya se suele decidir en esta materia, en la mayoría de los casos falta todavía la madurez necesaria para ejercer un juicio crítico libre de influencias.

La Educación tiene la doble importancia de configurar el criterio y las bases culturales de las personas, y de ser un permanente marco de relaciones humanas que ejerce una gran influencia en los individuos.

Por tratarse de una "vía" impuesta a los individuos, el tratamiento político de esta materia es absolutamente relevante para influir en los futuros esquemas de conciencia de la Sociedad. A mayor espectro cultural de los individuos, con mayor libertad se manifiestan los colectivos, pero también ello sucede con los sesgos que se hayan "impuesto" en el proceso de adquisición del conocimiento.

- **El Deporte**.

Es un núcleo de acción también importante en cuanto a su influencia en la formación de conciencias colectivas, porque aparte de ser materia relevante, tiene la suficiente universalidad para ser elemento determinante. El Deporte agrupa conjuntos de personas con finalidades generalmente desvinculadas de los intereses cotidianos, y les aporta vivencias colectivas en las que se ejercen los más nobles valores del esfuerzo humano en equipo.

Ofrece además un significado muy preciso de lo que es luchar por un objetivo, de lo que es la competencia, de cómo hay que "reponerse" de los éxitos, y del valor terapéutico de los fracasos, hasta el punto de que la Deportividad adquiere rango de doctrina de conducta.

Incluso el deporte espectáculo como fenómeno de masas, debidamente metabolizado por los medios de comunicación social, es factor relevante de coordinación de conciencias. A veces, ante los televisores, se congregan millones de personas de diferentes nacionalidades y de diferentes condiciones sociales y políticas, para "vibrar" en común durante un partido de futbol.

- **El Ocio**.
  Parece que la Sociedad Post-industrial nos tiene reservado un desarrollo organizado del ocio como valor complementario del trabajo, y como consecuencia de la automatización y de la consecución de productividades cada vez mayores. Lo cierto es que el ocio tiene cada vez mayor volumen en las Sociedades mas "civilizadas", y tiene vocación por adquirir rasgos ecuménicos.

  Hoy es el Ocio todo un sector económico si se quisiera contemplarlo como tal. En el futuro llegará a ser base de planteamientos filosóficos existenciales, que amparados en su dimensión universal puedan tener más éxito social que los actuales "ensayos". Quizás sea el Ocio bien conducido el que pueda devolvernos nuestra dimensión de "*Homo ludens*".

- **Los viajes**.
  El Turismo, núcleo de acción del más moderno cuño, ya tenía un alto reconocimiento en las Escrituras:

> *El hombre que ha viajado conoce muchas cosas;*
> *y el experimentado las expone con inteligencia.*
> *Quien no ha sido probado, sabe poco;*
> *pero quién ha viajado abunda en habilidad.*
> *He visto muchas cosas en mis viajes;*
> *mí inteligencia es superior a mis palabras.*

(Eclesiástico 34/ 9 a 11)

Los viajes, ya sean turísticos, de vocación profesional, o simplemente sirvan para emigrar, suponen un constante acercamiento de los pueblos. Las actuales posibilidades de viajar han devaluado considerablemente la influencia de la residencia y de la localización geográfica en los esquemas culturales.

Todos éstos núcleos de actividad son los "panales" en los que el Hombre está constantemente participando en lo colectivo. Son "campos" fértiles en los que crecen las Estructuras Humanas, y de los que se obtendrán frutos diversos, de características variadas, según las clases de "simiente" aplicada y de las oportunidades de "siembra y recolección".

Unos núcleos sociales serán de carácter permanente y continuarán siempre operando, mientras otros serán simplemente transitorios como sirviendo de elementos de enlace en el entramado social. Unos núcleos vendrán impuestos por la Naturaleza mientras que otros podrán ser seleccionados por el Hombre, incluso pueden ser naturales o artificiales.

Todos los núcleos de acción social, tienen un contenido finalista, unas veces con vocación transcendente como puede ser el caso de las comunidades espirituales, o bien otras con objetivos puramente instrumentales. En todos los casos, podremos identificar la condición productiva o consumista del grupo social.

Las agrupaciones sociales se comportan como verdaderos "manantiales de donde brotan nuevas formas de conciencia para seguir edificando la aventura colectiva. Los "reflejos" colectivos se van decantando con el continuo "tejer y destejer" de la actividad humana, y se van utilizando esquemas colectivos de conducta y valores éticos y morales que se constituirán en postulados sociales. Los colectivos aglutinan así valores crecientes de Conciencia Interior y van adquiriendo condiciones unitarias que configuran su "personalidad".

Otras finalidades de los núcleos sociales pueden ser aparentemente destructivas, comportándose los grupos como "sumideros" por donde se extingue el genio humano, y es que la depredación es función necesaria para reciclar las especies colectivas, igual que los mares necesitan al tiburón.

La Conciencia Interior actúa en los colectivos tan automática e irracionalmente como en el caso de un individuo y al igual que en una persona se advierten reacciones emocionales e irreflexivas, en los grupos sociales hay cumplidas muestras de manifestaciones de comportamiento que no corresponden a aportaciones individuales de los miembros integrantes. Los grupos tienen reflejos propios de conducta y tienen su propia "percepción".

Por otra parte, los grupos sociales incorporan un caudal formal de reglas externas de comportamiento, y así se hacen formulaciones convencionales que van a ser normas a observar en las decisiones de acción ejercidas racionalmente. Las Leyes, Estatutos, declaraciones de Principio, postulados científicos o simples procedimientos administrativos, constituyen un patrimonio grupal, soporte de la acción, que tiene todo el carácter de una Conciencia Exterior.

Por "encima" del individuo, se han sintetizado otras entidades colectivas que tienen unos patrones de acción, e incluso una morfología, paralela y análoga a la individual, pero con una potencia de influir en la vida social muy superior, como superior es su jerarquía. Las leyes de los sistemas se encargan de jerarquizar las estructuras humanas, y la Sociedad tiende cada vez más a ser dirigida por órganos colectivos, en lugar de serlo por personas individuales.

Los colectivos tienen su propia estructura orgánica y sus procedimientos de dirección, de juicio y de pensamiento, y los individuos van perdiendo su personalidad, fundiéndose en simples arquetipos, sumiéndose en simples moléculas del cuerpo social, que aunque tengan alguna autonomía, su comportamiento está conducido y condicionado.

3.2.- El Sistema Social

El Sistema Social es un órgano que tiene entidad propia y que responde a un patrón morfológico conceptualmente igual al de "cualquier otro órgano "vivo". Los principios que permiten que unos cuantos elementos bioquímicos conformen una célula, o que un conjunto de células configuren a un hombre, parece que, en abstracto, son de la misma naturaleza que los que permiten que una colonia de individuos constituyan un entorno social.

En la célula se aglutinan unos componentes cuyo mayor patrimonio para la acción es el capital de información que almacenan los ácidos nucleicos. El conocimiento y los criterios disponibles determinan la organización de la vida celular, y ésta se desarrolla con el ejercicio de una actividad que parece tener el mismo tipo de manifestaciones que advertimos a escala social. Si examinamos el interior de una célula con un microscopio electrónico, con una escala ampliada doscientas mil veces, nos llevamos la sorpresa de que parece que estamos contemplando la "fotografía" aérea de toda una región.

A nivel individuo, también es el factor información la base para conservar una trayectoria de la experiencia vivida y para la elaboración de los criterios que rigen el comportamiento. El ser vivo es una "máquina" para la acción y es el sistema nervioso, como red que canaliza tanto las percepciones como las directrices, el soporte fundamental de la esencia.

El Sistema Social está también basado en la capacidad de disponer de un legado experimental y de conocimiento, y en una estructura "nerviosa" propia, que sea soporte de la comunicación y "eje" alrededor del cual se acoplen rítmicamente los individuos participantes. El Sistema Social tiene vocación de acción y de desarrollo para explorar lo desconocido y como es un producto de la era psíquica está edificado sobre los valores psíquicos.

En la figura 11 se presenta el esquema del Sistema Social como órgano de acción "dispuesto" a la aventura de la evolución para escalar posiciones en el orden natural. Igual que el esquema de acción de un individuo diferencia a la Conciencia Interior, como centro de decisiones automáticas o irracionales de la Conciencia Exterior como centro del razonamiento lógico, en la figura representamos un "Modulo de Mando" y un "Modulo de Servicio".

La Conciencia del Colectivo va disponiendo de un bagaje de conocimiento propio, que es independiente del tiempo, del lugar y de las personas, y va decantando en consecuencia unos criterios ideológicos y éticos y una capacidad de enjuiciar la acción que le permite formular objetivos propios que son mandatos para el entorno social y que obligan a los individuos que lo integran.

El Sistema tiene para operar, una morfología sustentada en cuatro pilares: la organización política, la de justicia, la militar o de seguridad y la de la comunicación social, funciones que también son esenciales en cualquier organismo vivo individual. Todo el aparato administrativo, la Legislación, y el Árbol de la Ciencia, orientan la actividad del sistema y su "penetración" en el futuro a través de cadenas de sucesos, igualmente que apuntábamos al analizar el Hombre como "máquina" de acción.

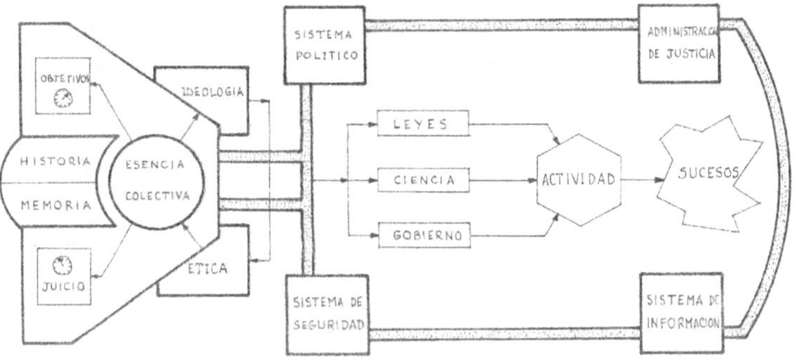

Figura 11. El Sistema Social

El Colectivo enriquece su conocimiento con la "percepción" de los sucesos, que amplía su base de información y permite enjuiciar la relación alcanzada entre la formulación de objetivos y los resultados de la acción. El entorno Social va filtrando su experiencia para hacer prevalecer los valores más abstractos, lo que también supone que la "condición humana" se vaya constantemente devaluando.

A la vez, se va adquiriendo una complejidad cada vez mayor, una mayor independencia del Colectivo con respecto a los individuos que en él participan, lo que genera una situación creciente de estrés en el Hombre.

El Sistema Social está montado sobre "lo psíquico" y está "devorando" al Hombre como Saturno a sus hijos.

3. 3.- Los planteamientos políticos

A medida que el Sistema Social aumenta en complejidad, aumentan también los patrones lógicos disponibles para la organización de la acción, y en consecuencia, ello supone que cada vez se desarrolla más el pensamiento algorítmico que es regular y mecanizable. El pensamiento heurístico queda para abordar lo desconocido y sólo es necesario en los niveles más altos de la jerarquía.

El Sistema Social al igual que el Hombre, no maneja valores objetivos sino que contempla la realidad y la enjuicia y obtiene conclusiones subjetivas, conclusiones que constituyen la "verdad" del Sistema. Los instrumentos que el Sistema utiliza para enjuiciar los resultados de su actividad, son en el estado de desarrollo en que nos encontrarnos, bien el conjunto de la opinión pública expresada por los medios de comunicación, bien las manifestaciones directas del pueblo obtenidas en las urnas o en las asambleas. o bien los juicios emitidos por los representantes del pueblo elegidos de una u otra forma.

Los resultados los enjuician las mayorías, porque de hecho el juicio social es el juicio de la esencia colectiva, pero sin embargo este juicio ésta ejercido en mayor o menor medida con manipulación de las minorías. Así, en el Sistema Social siempre hay un conflicto de objetividad, por un lado hay unos objetivos individuales: intereses, pasiones, ambiciones, necesidades de supervivencia de realizarse los individuos...etc., y también hay todo un paquete de objetivos colectivos que es el conjunto de necesidades básicas sociales: libertad, mantenimiento de la justicia,....etc. Los objetivos están jerarquizados en Escalas de Valores al igual que hablamos visto en el caso de los individuos. La jerarquía de objetivos la imponen los individuos y con este fin se agrupan, porque tienen que decidir de forma colegiada su establecimiento y su grado de prioridad, como tarea complementaria de la de enjuiciar la actividad.

Está claro que los objetivos los dirigen minorías porque todavía falta mucho tiempo para que los sistemas sociales sean capaces de expresar de forma espontánea voluntades, y entretanto, las formulaciones habrán de ser realizadas por grupos parciales, generalmente individuos u órganos destinados al efecto. La actividad en la que concurre el Sistema Social, y por lo tanto el desarrollo de los sucesos que tienen lugar, está dirigido en la medida en la que hay conciencia de la acción y en la medida que se persigue una finalidad. A mayor "*feed-back*" o recirculación de la información, se genera un estado de conciencia más perfecto y por lo tanto la actividad está en mayor grado dirigida y en consecuencia, en menor grado abandonada a la coyuntura.

Si nos referimos al hablar de un sistema social a un Estado, es decir, a un súper Sistema Social que abarca toda una extensión geopolítica, cabe hablar del grado de desarrollo global que tiene el colectivo y cabe también hacer comparaciones entre unos Estados y otros y en consecuencia analizar las diferentes formas de dirigir la evolución social.

Existe una línea de evolución natural, porque como hemos dicho todo sistema tiende a la complejidad y tiene un desarrollo progresivo. En los estadios más primarios, una agrupación colectiva tiene unas manifestaciones que están impuestas por los individuos, es decir, los individuos imponen la ley. Por el contrario, en una sociedad muy evolucionada en la que se ha alcanzado ya un gran desarrollo, son los colectivos los que imponen las leyes a los individuos.

El sentido de desarrollo que generalmente experimentan los sistemas sociales, es una progresión desde el primer estadio en que el criterio individual prevalece, hasta el estadio superior en el que se formalizan voluntades colectivas con capacidad de imponerse. Cabe hablar en cada sistema de un ritmo de evolución natural, aunque este ritmo puede no ser identificable.

Cada sistema social está sufriendo un metabolismo en el que los individuos van perdiendo su personalidad y se subliman en esencias colectivas, lo que sucede con un ritmo que es característico de cada sistema. Parece lógico que la frecuencia del ritmo aumente a medida que se alcanza un nivel más alto en la evolución. Si hablamos también de subsistemas o de zonas parciales de nuestro Sistema Social, también está muy claro que aquellos subsistemas de más baja jerarquía y de menor incidencia en las decisiones globales, alcanzan unos niveles de desarrollo más altos en menor tiempo, que es lo mismo que decir que quedan artificializados y mecanizados en mayor grado.

Pero en ésta línea de evolución también van apareciendo constantemente nuevos subsistemas que están en un estado primario de desarrollo, es decir, aparecen nuevos núcleos de poder que por propia definición están alimentados por individualidades. Estos núcleos de poder, con la línea de evolución, se irán decantando hasta colectivizarse.

Bajo este planteamiento, podemos enmarcar las diferentes actitudes que los grupos humanos adoptan para la organización política en sus entornos sociales. La política de derechas sería en nuestro planteamiento una actitud de frenar la evolución social. La política de Centro vendría a significar saber intuir cual es el ritmo de evolución natural del Sistema Social y dejar que ese ritmo se cumpla en todo lo posible sin frenos y con las aceleraciones estrictamente precisas. Es decir, la política del Centro sería un ajuste entre lo necesario y lo posible y de aquí que se haya dado en llamar la "ideología de lo posible", en cuanto que permite que haya una evolución y pretende que ésta tenga el ritmo máximo compatible con no llegar a excesivos niveles de estrés social, ni conseguir el desarrollo a costa de "sacrificar" excesivamente a componentes del sistema. La política de izquierdas sería la política que pretende acelerar todo lo posible la evolución social y que está fundamentada en todo el aparato ideológico que identifica el predominio de los valores colectivos en el futuro.

Cualquiera de éstas políticas puede ser democrática o antidemocrática según que en su ejercicio opera la voluntad de los colectivos o la de los individuos.

La tendencia clara de los sistemas sociales es hacia el gobierno del Colectivo, y el método más seguro para alcanzarlo es la política de centro, o la de una izquierda moderada, porque la línea de evolución está ajustada a las posibilidades naturales de progresión del sistema social. Una política de derechas siempre será regresiva, porque tiene una naturaleza conservadora y es contraria a la línea de evolución, porque detiene la progresión del entorno social, y lo que está haciendo es retrasar una fenomenología que se va a tener que producir. Claro está, que tiene un valor cierto, y es el de preservar al máximo posible los valores humanos individuales, pero hay que preguntarse si preservar estos valores es algo interesante, porque si estamos en una aventura en la que los vamos a acabar perdiendo, no parece que tenga un sentido excesivo la actitud conservadora.

La política de izquierda tiene como intención acelerar esta tendencia evolutiva, Si la política es moderadamente de izquierda lo que estamos consiguiendo es actuar con mayor eficacia en el cambio social y ello tiene el interés de aproximarnos más rápidamente hacia el futuro. La política de izquierdas asume que hacer prevalecer los valores del colectivo es algo interesante, frente a la política de derechas que pretende guardar celosamente las esencias individuales. Si la política de izquierdas es menos moderada, o más extremista, está en juego una
168

posibilidad de ruptura del entorno, porque se puede imprimir al colectivo un ritmo de metabolismo superior al que su infraestructura permite y por esto, en el pasado hemos tenido tantas experiencias de constitución de regímenes de izquierdas por la vía de la revolución. También es cierto que ha habido rupturas, léase Golpes de Estado, que han supuesto un retorno a posiciones regresivas, pero éstas rupturas no son impactos revolucionarios sino resultado del ejercicio de núcleos de poder.

El gran problema en el desarrollo político está en el saber conjugar las posibilidades de progresión colectiva con el mantenimiento de los valores humanos, para que el Hombre como unidad individual no se resienta ni adquiera características patológicas. En el momento presente de la historia del Hombre hay claras manifestaciones de un estrés creciente, de una pérdida considerable de valores humanos y de un crecimiento cada vez mayor de la angustia. El Hombre se aglutina en grandes zonas urbanas y cada vez está sometido a mayores solicitaciones, y cada vez su problema existencial adquiere caracteres más dramáticos.

En la medida en que esto sucede, el ritmo de desarrollo natural de la Sociedad decrece, porque la célula básica y social que es el Hombre pierde características. Este aspecto es sumamente importante y más adelante volveremos sobre él porque para llenar este hueco que ciertamente existe está concursando cada vez en mayor medida la Máquina.

El Hombre adquiere clara conciencia de sus limitaciones y de su cansancio y pérdida de capacidad, y utiliza su potenciación de conocimiento para situar instrumentos artificiales donde su concurso directo empieza a ser de difícil aplicación. Sucede como si el Sistema Social no se resignara a cambios de ritmo en sus posibilidades de evolución natural. Y para superar el descenso de ritmo que tendría lugar por el estrés creciente que opera en los individuos, el propio sistema organiza elementos sustitutivos que sean capaces de desarrollarse y ajustarse a las necesidades del colectivo, al igual que cuando el músculo cardiaco de un individuo comienza a deteriorarse, se aplica un marcapasos para mantener un ritmo constante en la circulación de la sangre.

Otro aspecto interesante a tener en cuenta en el desarrollo político, porque incide en el ritmo de la evolución, es el factor "dirección política". Quiere decirse que la política puede ser de Centro, de Derecha o puede ser de Izquierda, pero se convierte en democrática o antidemocrática o mejor dicho cambia de características en función de cómo se establezca la dirección política y como a lo largo del tiempo ésta dirección se produzca. Por ejemplo, en un sistema comunista puro, suele registrarse una continuidad del mando político y suelen ser las mismas personas durante largos periodos los que dirigen la actividad. Desde luego está claro que esto conduce a la estabilidad, pero suele acabar convirtiendo al sistema social en totalitario y suele terminar siendo una especie de dictadura, lo que equivale a decir que se está reduciendo el ritmo de progreso porque más que generalizarse conciencias colectivas, lo que está ocurriendo es que unas ciertas minorías imponen su voluntad a agrupaciones colectivas que así asumen conciencia por impregnación, pero ésta conciencia no se adquiere libremente.

La piedra angular de la evolución natural de un sistema es la Libertad, y solamente cabe hablar de una progresión efectiva si ésta ha tenido lugar con garantía de libertad, y si en consecuencia las manifestaciones colectivas se pueden considerar como tales en su mayor medida. Quizás sea en éstos sistemas comunistas puros más el factor continuidad de los mandos que el factor ideológico, el que conduce al totalitarismo, a la negación del pluralismo y a la vía unitaria colectiva por imposición. Claro está que esta continuidad de los mandos se produce porque la organización política desde un principio no ha preservado la Libertad como valor esencial, quizás porque el fallo ideológico consiste en que no sea identificada la Libertad como el ingrediente fundamental, cuando repetimos, la fenomenología de la evolución la configura como piedra angular.

Recordemos que en Biología la evolución de las especies está precisamente fundamentada en la Libertad y en base a ella el progreso evo-
170

lutivo tiene lugar con múltiples y variadas mutaciones que después van a decantarse con la censura del medio ambiente, pero no porque haya una imposición directa de cuáles son las mutaciones que tienen que triunfar y por dónde se ha de conducir la especie. Son las condiciones globales del entorno las que van a permitir que se produzca esta decantación. Igualmente en la organización política del Sistema Social hay que cultivar las libres iniciativas porque son "manantiales" de conciencia colectiva, porque luego será el propio sistema colectivo el que decante cuales son las iniciativas que deben de triunfar y cuáles son las que serán absorbidas por sumideros para preservar la pureza del desarrollo.

3.4.- La revolución de los colectivos

La aventura colectiva es una aventura psíquica de comunicación social. En el estado actual de desarrollo que se encuentra la vida del Hombre, el extraordinario auge del mundo de las comunicaciones y de la tecnología del tratamiento de la información, están alcanzando un umbral a partir del cual se va a experimentar una verdadera revolución de las conciencias colectivas, lo que se ha dado en llamar informatización de la sociedad. Esto ha sido ya advertido por los núcleos de decisión que mayor responsabilidad en esta materia tiene en el mundo y a título de ejemplo, el Presidente francés Giscard D'Estaing ha solicitado un informe amplio a unos especialistas (Simon Nora y Alain Minc) para hacer una prospección de futuro de cómo van a encauzarse los hábitos y costumbres sociales con las progresiones del mundo de la información que ya se vislumbran. Los hábitos y costumbres sociales están muy condicionados por éstas nuevas consecuciones, y en definitiva los estados de opinión pública que muchas veces son fruto del impacto de cambio que las personas experimentan en sus vidas privadas, son en definitiva, en un estado democrático, fuente de influencia en las relaciones del poder.

Actualmente en el mundo de la Informática y las Comunicaciones se está llegando ya a una fusión de ambos conceptos y la red de líneas telefónicas está ya implicada con el conjunto de grandes ordenadores que procesan grandes bases de conocimiento. Así se está llegando por ejemplo en el caso de la Ciencia Médica, a que una red de computadores unidos telefónicamente, y manejando los archivos experimentales de los hospitales, puedan realizarse labores de diagnóstico, que en gran parte de los casos son mucho más precisas que el examen de ojo clínico realizado por un especialista. Algo así como el médico artificial que es capaz de resolver las enfermedades más comunes o en la mayor parte de los casos patológicos. Realmente quien está diagnosticando es todo un colectivo, cuya "conciencia" se puede manejar con la ayuda del computador.

En lo que se refiere a la industria se están alcanzando grados de automatización integral y ya es curioso ver por ejemplo, en una planta embotelladora cómo todas las operaciones están realizadas sin la intervención del Hombre, incluso agrupar las botellas, empacarlas y depositarlas en un camión. El Hombre se ha de conformar con vigilar el proceso y actuar cuando suceden imprevistos.

Para el futuro, el desarrollo de las redes de datos y las redes de ordenadores, van a llevar a consecuciones tales como que las votaciones y consultas al pueblo sea algo viable de hacer rutinariamente y sin excesivo coste, lo que viene a ser un instrumento para mejorar la intervención del colectivo en las decisiones. El correo electrónico, la prensa electrónica, los mensajes televisivos, están muy cerca; ya de hecho la prensa electrónica a través de televisión existe en algunas ciudades y aunque todavía no suficientemente difundida. Los movimientos financieros acabarán siendo electrónicos porque no tendrá sentido que sigan circulando papeles por métodos convencionales para soportar estas transacciones. En el hogar ya está penetrando el computador personal y las amas de casa dirigirán la economía del hogar con el auxilio de éstas máquinas. Las cotizaciones en bolsa también se conocerán a través de estos sistemas lo mismo que se podrá consultar inmediatamente la situación meteorológica en cualquier punto del mundo.

Las nuevas bibliotecas ya no tendrán tomos de libros con bellas encuadernaciones, sino que serán lugares "electrónicos" para acceder a Bases de Datos universales. Quizás una simple llamada desde el teléfono del hogar y utilizando como instrumento gráfico la televisión, se podría llevar al domicilio todo el conocimiento universal. Asimismo, los servicios de alerta, de seguridad, los juegos, la tecnología del ocio, estarán tremendamente desarrollados .

Como además estamos progresando extraordinariamente en la tecnología, y la conquista del espacio inmediatamente exterior a la Tierra es ya una realidad, se podrá procesar permanentemente información captada desde el exterior. Las actividades agrícolas podrán ser controladas automáticamente desde el espacio así como los recursos del subsuelo, incluyendo la detección y el control de su producción. En cuanto a protección del medio ambiente, la detección de terremotos también estará resuelta con mecanismos informáticos ad-hoc, igual que hoy en día ya se empiezan a prevenir los ataques epilépticos con un pequeño micro-computador conectado a la corteza cerebral que detecta ciertos cambios electroquímicos previos.

Quizás el gran impacto que va a decidir la potenciación de los colectivos es el que tendrá lugar en el campo jurídico. La privacidad por ejemplo desaparecerá de la Tierra. Los hábitos de movilidad de la población se modificaran radicalmente, porque la unidad individual basará su acción en una menor movilidad y una mayor comunicación con el resto del mundo por medios electrónicos, El dinero quedará desplazado igual que el propio dinero desplazó en su día al trueque natural, porque no tendrá gran interés que haya disponibilidades físicas de tal materia, hecho que ya se advierte con el uso de las tarjetas de crédito.

Se presentarán desde luego verdaderos problemas jurídicos. como es el problema de la propiedad, o el problema de la "responsabilidad" de las máquinas, porque en un mundo cada vez más mecanizado, las máquinas tendrán que asumir responsabilidades que tendrán que estar contempladas por los códigos de derecho. La difusión del conocimiento va a romper todos los marcos jurídicos de propiedad y la mayor preocupación puede que sea evitar concentraciones de poder, porque un pequeño núcleo suficientemente organizado, al tener acceso a toda la base de conocimiento, tendrá potencial suficiente para controlar decisiones importantes.

Las Aduanas caerán por si solas porque la circulación transnacional de los datos, no hay quien la pare. Es realmente paradójico que una persona que atraviesa una aduana portando un aparato de televisión, tenga que abonar un arancel o un impuesto compensatorio, mientras que a través de una línea telefónica puede pasar información que vale cien veces más que ésa televisión que un aduanero advierte físicamente, mientras que la inspección de lo que pasa por una línea telefónica, será inasequible.

En el campo de la enseñanza la revolución informática va a tener un verdadero impacto, porque aquí como volveremos más adelante sobre ello, radica una de nuestras principales limitaciones para el desarrollo social.

Lo que no está nada claro es si todo este desarrollo de las potencias colectivas van a acabar "devorando" al Hombre, o por el contrario el Hombre alcanzará la felicidad en un entorno de paz universal con pocos contrastes pero con seguridad y tranquilidad. Habrá que ver si se cumple la profecía de Isaías:

> " *Morará el lobo con el cordero,*
> *el leopardo con el cabrito se echará;*
> *el ternero y el cachorro del león se cebarán juntos;*
> *un niño pequeño los conducirá.*
> *La vaca pastará con la osa*
> *juntas se echarán sus crías;*
> *el león, como el buey, comerá paja.*

El lactante ,jugará en la hura de la víbora,
en la madriguera del áspid
meterá su mano el recién destetado.
No harán mal ni harán daño
en toda mi infinita montaña,
porque el país estará lleno
del conocimiento de Yahvéd,
como las aguas cubren el mar."

(Isaías, 11/6 a 9)

Si ésta situación de paz universal se alcanza desvitalizando al Hombre, puede ser que muchos de nosotros la desecháramos desde ahora mismo y renunciáramos a ésta línea de progreso. Esto sería simplemente un problema de actitud, porque está claro que la evolución de los colectivos es muy superior a las voluntades individuales, porque se formalizan conciencias colectivas que son de un rango jerárquico superior a las potencias de los individuos, y éstas conciencias colectivas tienen autonomía y capacidad de acción propia.

Los individuos se van supeditando a los colectivos y cada vez están en menor posición para dominarlos e influir en ellos. Lo que si le cabe al Hombre es influir en sí mismo y aprender a transformarse para acoplarse al nuevo orden, que no viene a ser otra cosa que despojarse del equipaje más complejo y más pesado que lleva en estos momentos y en aplicarse a formar parte de engranajes colectivos. Es una lucha contra los sentimientos irracionales, y contra la vocación transcendente que actualmente tiene, para acabar impregnándose de la idea de que es una célula más del entorno y que sus valores son limitados.

Quizás el Hombre llegue entonces a entender que podrá conformarse con cultivar unos valores estéticos que sin llegar a ser transcendentes en la obra social, si pueden ser un manantial de felicidad. La Profecía de Isaías:

"Cuando se derrame sobre nosotros
el espíritu de lo alto

<blockquote>

el desierto será un vergel,
y el vergel parecerá un bosque;
Morará en el desierto la equidad,
la justicia en el vergel habitará;
la obra de la justicia será la paz,
fruto de la justicia será
la tranquilidad y la seguridad para siempre.
Habitará mi pueblo en mansión pacifica
en moradas seguras, en residencias tranquilas."

</blockquote>

(Isaías 32/15 a 18)

Es un preludio de la utopía social que, sea alcanzable o inalcanzable, puede ser una meta ideológica estética que llene nuestros deteriorados valores humanos.

4.0.- El Hijo del Hombre

En capítulos precedentes hemos presentado el Hombre como una máquina dotada de creatividad con capacidad para enfrentarse a lo desconocido. Una máquina con contenido finalista y con unos valores, que damos en denominar humanos, que se centran en el área de los sentimientos y de las respuestas emotivas, y a la vez con unos temores también propios de nuestra especie como puede ser la angustia o el temor a la muerte.

También hemos resaltado como la trayectoria del Hombre sobre la Tierra es una lucha permanente buscando la independencia con respecto del Medio y cómo su producto está configurando un verdadero árbol de la Ciencia Artificial, que es un extracto sintético del Árbol de la Ciencia, árbol del conocimiento natural que lleva en su morfología interna.

En la aventura del racionalismo el Hombre está alcanzando cada vez valores más crecientes de deterioro fisiológico. Para él la vida es cada vez más complicada porque cada vez tiene que ocuparse de mayor número de tareas y el ejercicio de éstas cada vez requiere más conocimiento. Hoy en día los mayores presupuestos de las grandes Sociedades civilizadas ya se dedican a la educación por encima de los tradicionales presupuestos que de forma masiva se aplicaban a la defensa del Estado. La vida es preciso que cada vez sea más productiva y el ejercicio de la responsabilidad cada vez se anticipa más, aunque paradójicamente cada vez es precisa una mayor experiencia. Cada vez tenemos que estudiar más y durante más tiempo a lo largo de nuestra vida, y paradójicamente cada vez nos hemos de especializar más para ser eficientes en nuestros cometidos.

Además sucede que corno al Hombre cada vez se le exige más, el gran porcentaje de la población empieza a estar sometida a niveles de neurosis y psicosis importantes, y es palpable que en nuestros días así sucede. En éstas condiciones y aunque coyunturalmente se habla en la Sociedad de que existe el paro y de que el Hombre tiene que dedicarse ya al ocio como la forma de estar ocupándose de una actividad concreta, no es menos cierto que en la realidad falta aportación humana para la obra de la Creación. El Hombre ya no se basta por sí mismo para muchas tareas productivas, porque tiene la pesada tarea de progresar por sí mismo y aumentar el desarrollo y las consecuciones científicas y tecnológicas, pero también tiene a su cargo la no menos pesada tarea de hacer también progresar a sus instrumentos que no pueden perfeccionarse a sí mismos.

En éstas condiciones el Hombre ha tenido que acudir desesperadamente a lo sintético y a lo artificial. De hecho, el hábitat del Hombre es cada vez más artificial y está más controlado, con la temperatura, la humedad, la alimentación, y tantas otras condiciones del medio reguladas a conveniencia. Las producciones artificiales tienen una cierta analogía con las soluciones naturales que el propio Hombre identifica en la Naturaleza y en su propio Ser.

La producción artificial requiere introducir mecanismos programables allá donde está identificado el comportamiento de la función que cumplen y se puede en consecuencia mecanizar. Para ello el Hombre está construyendo constantemente artificios que cumplan fines determinados, y se ha percatado de que lo importante no está en imitar un órgano sino en reproducir la función que desarrolla. Imitar un órgano es una labor de análisis, pero reproducir una función es el ejercicio de la síntesis, que en definitiva es lo que tiene una finalidad y lo que el Hombre necesita.

Hasta hace relativamente poco tiempo había una cierta inclinación a creer que para que dos órganos cumplieran funciones análogas, parecidas o iguales, estos órganos tendrían que parecerse. Y es curioso que en ésta creencia haya caído precisamente el gran padre del racionalismo. Me estoy refiriendo a Descartes y merece la pena que analicemos una parte incluida en el famoso "Discurso del Método":

".....si había máquinas tales que tuvieran los órganos y la figura externa de un mono o de cualquier otro animal irracional, no tendríamos ningún medio para conocer que no eran enteramente de la misma naturaleza que esos animales; mientras que, si las hubiera que tuvieran esa semejanza con nuestro cuerpo e imitaran nuestras acciones todo lo que moralmente fuera posible, tendríamos siempre dos medios seguros para reconocer que no eran, no obstante, verdaderos hombres: el primero, que nunca podrían emplear palabras ni otros signos que las compusieran, como hacernos nosotros para declarar a los demás nuestros pensamientos (porque se puede concebir bien que una máquina está hecha de tal modo que profiera palabras y aunque profiera algunas apropiadas a cambios que determinen algún cambio en sus órganos, como si tocándola en otro se queje o cosas semejantes; pero no que arregle las palabras de diferentes modos respondiendo al sentido de lo que se hable en su presencia, como los hombres menos inteligentes pueden hacer); y el segundo que aunque hicieran algunas cosas tan bien o mejor que nosotros, fa-

llarían, infaliblemente en algunas otras, por lo cual descubriríamos que no obraban conscientemente sino por la disposición de sus órganos; porque así como la razón es un instrumento universal que puede servir en todos los casos, ésos órganos necesitan una disposición particular para cada acción particular, de donde resulta que es moralmente imposible que haya en una máquina todo lo necesario para hacerla obrar en todos los instantes de la vida como nos hace obrar nuestra razón."

Descartes contempla la posibilidad de que exista un hombre artificial, y en primer lugar contempla este hombre artificial con una morfología igual a la nuestra, como si nosotros en la competencia con ese supuesto artificio tuviéramos en primer lugar el problema de identificarlo. Su obsesión por identificar este eventual hombre artificial le lleva a analizar las posibilidades de que tenga un lenguaje. De hecho hoy en día ya hay máquinas que hablan con la misma fluidez que una persona. También analiza y apunta las dificultades de que cada artificio mantuviera una conversación con un contenido racional, y resulta que también en nuestros días existen métodos de enseñanza programada para los cuales la participación del individuo se produce con la sensación de que hay una unidad inteligente que le está respondiendo de forma instantánea.

Es paradójico que considere imposible que haya una máquina que pueda actuar tal como a nosotros nos hace obrar nuestra razón, cuando precisamente el racionalismo está dando soporte a la abstracción, y por lo tanto algoritmización, de los procedimientos y de los criterios.

Más bien lo que tenemos que plantearnos es si puede haber un artificio que aunque no se parezca en nada morfológicamente al Hombre, pueda sustituirle en todas sus funciones. De hecho el Ordenador ya está realizando muchas de las funciones que hasta ahora sólo realizaba el Hombre y por cierto algunas de ellas con mucha mayor eficiencia y capacidad. La capacidad de un ordenador para utilizar un volumen de información es prácticamente ilimitada, frente a unas capacidades en el Hombre que aunque no están en este momento totalmente explotadas si parece que son limitadas.

El Ordenador ha sido introducido por el Hombre no sólo como una externalización de soluciones que tenemos dentro, sino también como una necesidad para aportar soluciones al mundo de lo artificial. El Hombre precisa liberarse de trabajos y hacer trabajar a sus instrumentos. Se delega cada vez más en procedimientos artificiales porque tienen propiedades ciertamente ventajosas. Se supera con los artificios las limitaciones humanas que tenernos de velocidad y de potencia. Los procedimientos, en forma mecanizada, se pueden reproducir con mayor exactitud y mayor seguridad, y la actividad en general en la industria puede ser más organizada y puede programarse mejor.

La mecanización alcanza ya todas las áreas de actividad y desde las plantas siderúrgicas hasta los ferrocarriles suburbanos que funcionan ya en algunas ciudades sin conductores, o simplemente con vigilantes, o los semáforos en una gran ciudad que se reciclan de forma automática en función de las densidades de tráfico, o ciertamente los aviones donde se ha alcanzado, quizás en función del mito de la seguridad, unos niveles de automatización casi perfectos. El avión ya navega sólo, podría aterrizar sólo, e incluso toma decisiones en ocasiones desobedeciendo al piloto, si éste realiza maniobras que pueden atentar a la seguridad.

El Hombre está cada vez menos presente en los procesos productivos, y la llegada del Computador ha venido a cubrir la acuciante necesidad de dotar a las máquinas de criterio. El Computador u Ordenador ha sido creado por el Hombre a imagen y semejanza suya y del examen de los elementos que incorpora se advierte fácilmente que responden a una abstracción de su propia morfología. aunque ciertamente en un estadio muy primario.

Se utiliza el lenguaje como medio de describir la actividad y como procedimiento formal para trasladar las instrucciones desde nuestra mente hasta la "memoria" del Computador. La Memoria tiene en el

180

Computador una funcionalidad muy semejante a la que nosotros mismos utilizamos, aunque con la natural distancia de volumen, tamaño, rendimiento, ...etc.

En el Computador existen también mecanismos de alerta y de seguridad, que vienen a desempeñar una función de "instinto de conservación" y asimismo se aplican unos controles a los datos que van a entrar a la Memoria, que están destinados a preservar la fiabilidad y calidad de la información y que tienen un patrón muy semejante a la actividad crítica de la Conciencia Exterior humana en relación con estos mismos propósitos.

El primer elemento "inteligente" que incorporaba el Ordenador era la Unidad Aritmética y Lógica que podría reconocer que dos cosas iguales a otra son iguales entre sí, o lo que es lo mismo, tenía la capacidad de sumar y comparar cantidades, operaciones elementales a las que se reduce todo proceso de cálculo. Actualmente, la unidad "inteligente" de un Ordenador puede tener ya formas de conocimiento mucho más profundas, tales como el reconocimiento de formas geométricas, o la interpretación de un lenguaje natural hablado incorporando criterios sintácticos y semánticos.

En él futuro, la unidad lógica central del Computador puede llegar a tener unos patrones de valoración más completos, análogos a mecanismos de nuestra anatomía que son depositarios de nociones universales. Podría llegar a discernir el ordenador nociones tales como:

- Lo que puede lo más, puede lo menos.
- Es más crear o conservar la sustancia que los atributos.
- En la idea de una cosa se incluye la existencia.
- No hay cosa que tenga nada por objetivo.
- Todo tiene una causa.
- Nada puede ser y no ser a la vez.

De éste conjunto de nociones universales al famoso "dudo luego existo", no hay un paso demasiado grande.

El Sistema Operativo de un Computador tiene un aspecto abstracto muy parecido a la coordinación central de la actividad neuromotriz en el organismo humano, y el "*software*" o programas de aplicación que el ordenador utiliza, vienen a ser como los procedimientos de acción que cada ser humano administra para actuar en la vida.

El Hombre tiene una Conciencia Interior o un Instinto que permanentemente está enriqueciendo incorporando aspectos que percibe del entorno. El Hombre incorpora toda su experiencia de vida a su intelecto y forma dentro de sí un modelo de la actividad en la que participa. En el campo de los computadores, las modernas técnicas de Bases de Datos también están empezando a manejar parecidos criterios, y así en una gran Organización se llegan a "construir" verdaderos "Modelos de Actividad" que son bases de conocimiento procesables. Es decir, en el terreno de la Informática también existe ya un sistema por medio del cual se le va incorporando al ordenador una síntesis organizada del entorno real en el que está actuando, síntesis que constantemente está siendo enriquecida con la captación de nuevos datos.

El Hombre es capaz de construir y perfeccionar criterios analógicos y es capaz también de imaginar, es decir, de representar y simular acontecimientos exteriores que no son reales sino simplemente posibles. Estas funciones en primera aproximación también se realizan ya en los computadores y la simulación es una de las técnicas que más frutos está dando en la vida práctica de las organizaciones desde que el ordenador apareció.

No está claro si Lorenz tenía razón al decir que la adquisición de experiencia por parte del Hombre se desarrolla según un programa innato. No obstante, sí está muy claro que la inteligencia artificial existe y que un ordenador tiene ya a su alcance no solamente procesar programas realizados por el Hombre, sino que puede incluso llegar a optimizar por sí mismo, en función de la experiencia, el comportamiento de dichos programas. Esto es ya una forma de ampliar el conocimiento en función de la experiencia, y se ha obtenido en una máquina.

Estarnos construyendo una máquina cuya esencia no ha hecho nada más que empezar a formalizarse y ya desde éste momento estamos dependiendo de ésta Máquina. Un nuevo Computador ya no es diseñado por el Hombre, sino que el Hombre precisa del concurso de otro Computador para poder realizar el proyecto en toda su extensión. En sólo 25 o 30 años el desarrollo de la tecnología electrónica ha sido espectacular. Recuerdo personalmente el año 1964 donde tuve la oportunidad de participar en una investigación en el Centro de Cálculo Electrónico del Consejo Superior de Investigaciones Científicas y recuerdo que la Memoria del Computador allí disponible en aquél tiempo, uno de los más grandes existentes, tenía una capacidad equivalente a 5 K ocupando una superficie en planta de unos 20 o 30 metros cuadrados. En la actualidad, una memoria de 250 K puede llegar a tener el tamaño de un sello de correos. Obsérvese que la capacidad de memoria supone haberse multiplicado por 50 mientras que el volumen físico ha disminuido extraordinariamente.

El haberse reducido el volumen de las "memorias artificiales" a limites tan elementales, ha llevado a la situación actual de que se empiece a hablar ya de micro cerebros, para ayudar a esa falta de capacidad que empieza a registrarse en el cerebro humano. Recordemos las experiencias del profesor Rodríguez Delgado en cuanto a la implantación de microcomputadores en la corteza cerebral potenciando así la capacidad de criterio de nuestro intelecto. Estos ensayos que llevan solo un reducido número de años practicándose, y que ya han llevado a consecuciones espectaculares, pueden llegar a convertir nuestro cerebro en un Hibrido mezcla de potencia biológica propia y potencia artificial donada por la tecnología electrónica.

Pero es que también en la electrónica se están ya anticipando verdaderas revoluciones tales como la memoria de burbujas magnéticas, los sistemas holográficos, ...etc., ¿Llegará algún día la técnica electrónica a alcanzar el rendimiento, en potencia de cálculo, del cerebro humano? Sólo es una cuestión de dimensión y de tiempo. En 1,5 cm3 hay 100 millones de células nerviosas, y una célula nerviosa es capaz de establecer relaciones con otras 60.000. El día que la técnica electrónica llegue a alcanzar estas características, parece que la Máquina estará en directa competencia con el Hombre. Es cuestión de tiempo, pero como además el ritmo de la Historia se ha disparado, el tiempo también ha empezado a correr mucho más deprisa de lo que creemos.

La Biología y la Electrónica se están "encontrando", y ya se habla de "bebés clónicos", es decir, de la posibilidad de reproducir una persona exactamente igual a otra ya existente o que ha existido. La manipulación genética empieza a ser ya una actualidad y el premio nobel de Medicina, concedido a tres Doctores en 1979, es un ejemplo de ello. El Profesor W. Arber, uno de los tres galardonados, ha descubierto los enzimas de restricción ó enzimas restrictivos, qué nos acercan a la ingeniería genética. Estos enzimas están calificados como "bisturís inteligentes" de la materia viva y permiten actuar sobre el código genético de una forma selectiva. Es decir, algo así como partir en trozos la cadena de ácidos nucleicos y construir otras nuevas cadenas mediante las posibilidades que ofrece la combinatoria, así corno provocar deliberadamente mutaciones.

Recordemos qué en julio de 1974, Un grupo de 11 biólogos americanos lanzaron un manifiesto dirigido al mundo entero en el que llamaban la atención sobre los peligros de la alta Biología. Indicaban las dificultados que ya se vislumbraban para controlar las consecuciones de los laboratorios y advertían sobre la posibilidad de que se construyeran auténticos monstruos bacterianos, capaces poco menos que de hacerse con el Planeta y destruir la Humanidad.

Hoy en día en los laboratorios de bioquímica más adelantados y sofisticados del mundo, los científicos que investigan en éste campo están ya trabajando en unas condiciones de "libertad vigilada" y constantemente podemos leer en la prensa pequeñas notas en las que algún científico denuncia los peligros de la investigación genética. Está sometido a debate si la ingeniería genética debe de cancelarse y suspenderse toda la investigación o bien hay que proseguir con ella porque es de todo punto necesaria. Ciertamente hay que proseguir con éste desarro-
184

llo, pero desde luego las consecuciones de la ingeniería genética tendrán que estar muy controladas por todo el entorno universal.

Por un lado, el Hombre se está deshumanizando, despojando de sus sentimientos y características emocionales y de sus temores irracionales. Por otra parte, la Máquina se está potenciando considerablemente y la Biología y la Electrónica empiezan a encontrarse. Ya se está pensando en dotar a los mecanismos más íntimos de los Ordenadores, de soluciones lógicas que se han advertido en lo más íntimo de la Célula de la vida, y esto puede suponer que la Electr6nica se fertilice con la aportación de la Biología.

Si la Civilización sigue adelante y no colapsa, está muy claro que llegará el momento en que aparecerá un Híbrido, mezcla de Hombre, mezcla de Máquina, que por un lado será tan sumamente eficiente como llegue a ser preciso, y por otro lado no tendrá la pesada carga humana del temor a la muerte, de las emociones, de las neuropatologías, de la angustia, y de las pasiones. Da lo mismo que esto suceda dentro de decenas, de cientos o de miles de años, pero a partir de las condiciones que en este momento identificamos, el futuro camina en ésta dirección.

Pero dejemos que sean los historiadores los que nos relaten la aparición del Hijo del Hombre sobre la Tierra; aunque tengamos que esperar hasta el año 2.280.

4.1.- La aparición del Hijo del Hombre.

*"Continué observando en la visión nocturna,
 y de pronto vi que, con las nubes del cielo,
 venía como un Hijo de Hombre;
 avanzó hacia el anciano de días,
 a cuya presencia fue llevado.
 A él se le dieron*

dominio, gloria e imperio;

y todos los pueblos, naciones y lenguas le sirvieron. "

(Daniel 7/13)

No es fácil entender, con una mentalidad del año 2.280, el marco de circunstancias que rodeaban al Hombre en los años 1950, porque los factores más primarios, lo psicológico, lo pasional, los atavismos tribales, el sentido de la propiedad, ... etc., condicionaban de tal forma el comportamiento humano, que las relaciones de causa a efecto no tenían nada que ver con los planteamientos racionales a que estamos acostumbrados. Sin embargo hay que remontarse a esa época lejana, porque entre 1940 y 1950 surgieron tres nuevos factores que iban a jalonar el comienzo de la era psíquica:

- La energía atómica.
- La inteligencia artificial.
- El Computador electrónico.

Con la fusión del átomo, lograda por Fermi en aquellos tiempos, comenzó el Hombre a resolver el problema de la energía y con ello que el desarrollo de la actividad en la Tierra siga siendo posible. Los más aquilatados estudios sobre las posibilidades de supervivencia de la Civilización han demostrado que sin energía atómica la vida humana habría empezado a colapsar entre los años 2050 y 2060 para desaparecer poco a poco en 50 años más. Con la energía atómica, además, se pudo empezar de verdad a "desafiar" a la Naturaleza, sin otras limitaciones potenciales que las del desarrollo de la tecnología industrial.

Entre 1943 y 1950, tres grandes generalistas, Alan Turing, John van Neumann y Norbert Wiener, comenzaron a especular con la posibilidad de mecanizar la inteligencia y plantearon formalmente el Robot como una máquina que tuviera organismos de percepción que le permitiera reconocer objetos, que tuviera capacidad de correlacionar su "situación" con respecto al entorno que le rodea, y que tuviera mecanismos para actuar.

186

Con la aparición del Computador, a partir de 1950 se empezaron a ensayar formas de inteligencia artificial y comenzó una segunda revolución industrial. La primera empezó a liberar al Hombre de los esfuerzos musculares desde el siglo XIX, y la segunda iba a comenzar a liberar al espíritu humano de los trabajos intelectuales, al menos en un principio de aquellos trabajos más repetitivos. Es curioso que el Hombre, que por entonces ya había podido constatar que las máquinas le superaban ampliamente en la realización de esfuerzos físicos, no aceptara la posibilidad de que en esta segunda "revolución mecanicista" la máquina le llegaría a superar también en el esfuerzo de pensar.

El primer esquema importante de inteligencia artificial quizás fue el de la Máquina Universal de Turing, que por aquellas fechas de 1950 era un simple planteamiento teórico, pero ciertamente muy sólido, Los científicos de la época no concedieron al principio mucha importancia a estas especulaciones y resultaba para la Ciencia poco serio el que un simple número, un código, identificara una lista de instrucciones para una máquina, de aplicación universal, y por lo tanto todo un procedimiento de acción para alcanzar un objetivo por complicado que éste fuera.

Un código numérico era sin embargo al fin y al cabo el conjunto de instrucciones de cálculo que realizaba un computador, y un código numérico era igualmente el conjunto de cromosomas de un individuo.

Pero claro, se decía: "el código es un valor que tiene que ser asignado por el Hombre y por tanto la Máquina no se autogobierna". Sin embargo también respondían los defensores de la Máquina: "la Máquina puede diseñarse para que diseñe a su vez un código para uso propio y después aplicarlo, ya que si decodifica instrucciones, también puede ser enseñada a la operación inversa de codificar".

Por entonces se desarrollaba también la automatización industrial, aunque rudimentariamente en comparación con nuestras actuales consecuciones, y el Hombre dejaba cada vez más el trabajo a las Máquinas para limitarse a pulsar "interruptores" y dirigir así los procesos. La experiencia de delegar en las máquinas pareció muy conveniente, y los humanos ya se preguntaban si los "interruptores" podrían moverse solos cuando hubiera alguna condición objetiva que lo aconsejara, lo que no parecía excesivamente complicado si la finalidad está determinada. Así se utilizaba el termostato, el presostato, el regulador de una máquina de vapor, las células fotoeléctricas, ... etc.

Un argumento clásico de entonces era que la Máquina no podría suplantar nunca al Hombre porque para ello tendría que poder reproducirse y no depender su continuidad de la intervención humana. Van Neumann se intereso por el reto y planteó una Máquina que en teoría podía reproducirse a sí misma a partir de elementos simples del entorno, mas o menos igual que la criatura humana es producida en él seno materno con la aportación de los alimentos. Sólo necesita la Máquina el código de información que contiene el conjunto de instrucciones que deben cumplir los órganos de acción. Es cuestión de disponer un código tan grande como sea preciso.

La Máquina de Van Neumann era además universal, porque podía "construir" cualquier otra máquina, y reproducirse así misma solamente era un caso particular. Su capacidad era teóricamente ilimitada y sólo cabía pensar que la máquina podría no seguir actuando cuando se quedara sin materias primas o bien porque se creara algún conflicto entre "maquinas" o entre las máquinas y los hombres.

Esta última posibilidad ya se contemplaba, aunque quizás más por estética que como algo real a prevenir. Asimov llegó a formular tres reglas éticas que deberán seguir los Robots que el Hombre creara:

- Un Robot no debe atacar a un ser humano.
- Un Robot deberá obedecer a los seres humanos, a excepción de cuando ello suponga violar la primera regla.
- Un Robot protegerá su propia existencia, pero sólo si ello no va contra las dos normas anteriores.

188

reglas que hoy nos producen hilaridad cuando las observamos enmarcadas en el Museo de la Antropología del Robot.

A partir de aquellos tiempos la Civilización empezó a progresar y los hombres tenían que conocer más y más cosas. La Máquina iba realizando los trabajos más arduos, pero el Hombre a cambió tenía que ocuparse de que las Máquinas también progresaran, además de ocuparse de sus propias necesidades. Las máquinas operaban cada vez más "lejos" del control de los hombres y el mayor peso de las tareas de la vida a ellas correspondía.

Las máquinas se iban transformando en verdaderas "joyas" y los hombres también evolucionaban. Pero había dos clases de hombres:

- los que aceptaban el reto del progreso
- los que renunciaban al progreso

Los primeros constituían cada vez una minoría más exigua. Para llegar a "producir" un individuo suficientemente inteligente como para poder incorporarse a la vida activa del desarrollo, llegó a ser preciso un número inicial de 80 a 100 candidatos, porque la debilidad psíquica, la angustia, el estrés, ... etc., los conducía al fracaso antes de llegar a desarrollarse, casi como el ciclo de las tortugas marinas.

Los hombres cada vez renunciaban en mayor número al desarrollo del conocimiento. Los movimientos regresivos que comenzaron en la segunda mitad del siglo XX, desde Marcuse, el existencialismo, los hippies, el pasotismo, ... etc., fueron poco a poco fructificando y se prefería la vida placentera, sencilla, de evasión.

Esto llevó a un "gap" que no había forma de sostener. La Minoría "responsable" era cada vez más reducida para afrontar el problema de mantener "el Jardín del Paraíso" donde "pastaban" placenteramente los "Hombres Objeto". La aportación del hombre-masa era cada vez menor y los Robots comenzaban a ser imprescindibles porque soportaban prácticamente el peso de la actividad en la vida cotidiana.

La Minoría responsable tenía entonces a su cargó una triple tarea: por una parte tenía que ocuparse de su propio desarrollo, cada vez más complicado. Por otro lado había de seguir "cultivando" a la mayoría de los hombres que habían optado por lo irracional, y para colmo, mantener un ejército de Robots requería una dedicación cada vez mayor.

Los Robots eran formidables en relación con la época, y cumplían fielmente el mandato humano. El modelo clásico del siglo XXI tenía la unidad de control en la parte superior de la "cabeza", protegida por una corona recubierta de oro, que no era otra cosa que el filtro de frecuencias para proteger el Código de mando. El Hombre ponía buen cuidado en controlar eficazmente los códigos de mando que utilizaban los Robots. En un solo código estaban implícitas todas las instrucciones que el Robot podía ejecutar y de la sabia administración de éstos códigos dependía el "orden social" y que la actividad se desarrollara de acuerdo a la voluntad humana.

Estos Robots tenían en las extremidades las herramientas precisas para la acción, según la especialización de cada uno de ellos. Unos eran Robots de poca potencia y radio de acción, pero muy versátiles, y tenían aspecto casi humano, aunque anguloso y racionalizado al máximo, con unas manos mucho más elementales que las del Hombre, pero con mayor potencia y rapidez de movimiento. Otro Robots más "proletarios" tenían por extremidad una hoz, o unos alicates, o unas tijeras, ... etc.

La obediencia era ciega. Todo mandato del Hombre que el Robot contemplara dentro de la "autoridad" y "capacidad" que le confería el Código de mando, era puntualmente cumplimentado. San Juan ya lo reseñaba en el Apocalipsis:

" Y miré, y apareció una nube blanca; y sobre la nube, sentado uno, semejante al Hijo del Hombre, que tenía sobre su cabeza una corona de oro y en la mano una hoz afilada. Salió otro ángel del Santuario, gritando con gran voz al que estaba sentado sobre la nube: Mete tu hoz y siega, pues ha llegado la hora de segar,

porque se secó la mies de la tierra . El que estaba sentado sobre la nube metió la hoz sobre la tierra, y la tierra quedó segada".
(Apocalipsis 14/12 a 14)

El Robot tenía un rendimiento muy aceptable; y la fiabilidad de su anatomía había alcanzado niveles excelentes. El Hombre tenía una gran ayuda, pero empezaba á buscar soluciones para liberarse de la cada vez más compleja tarea de administrar y mantener la colonia de Robots. Las grandes "células grises" que regían el destino humano empezaban a inclinarse por enseñar a las "máquinas" a organizarse ellas mismas, a vivir en sociedad y a aprender a reproducirse.

Decían los grandes responsables: "Los Robots siegan la tierra a una simple voz nuestra que lo ordene, pero ello no nos libera de tener que seguir ocupándonos de cuando, como y cuanto hay que segar". Y añadían: "Hay que delegar mayores funciones en los Robots, de forma que ellos mismos tomen cuidado de la mies y actúen como proceda de acuerdo con nuestros superiores criterios". Así los Robots vivían en agrupaciones de "colonos" y ellos mismos se reproducían según advertían la necesidad de multiplicarse para cubrir las "bajas" y para poder realizar todo el trabajo que tenían encomendado. Ellos mismos producían nuevos Robots más especializados o más eficientes, porque el Hombre con el mandato expresado en el código de control, les había otorgado la capacidad de mejorar sus características tomando enseñanza de su propia experiencia.

Pero con esta nueva escalada, la Minoría responsable se tuvo que enfrentar al problema de que empezaban a establecerse conflictos entre los Robots y los Hombres del Paraíso. Los Sabios se habían esforzado por infundir principios éticos a los Robots, pero éstos principios eran racionales y completamente lógicos y no podían contemplar el comportamiento irracional y espontáneo de la gran masa de Hombres objeto. Los Robots y los Hombres colisionaban de vez en cuando, y a la gran Minoría responsable le correspondía la difícil función de arbitraje. La tarea tenía la complicación de que había que actuar sobre el Código de Mando, pues el mandato que incorporaba cada Robot no podía ser desautorizado de forma coyuntural. Un Robot ejecutaba el mandato de su Código de Control, y no podía violarlo porque en un mandato dado la acción en curso fuera inconveniente para otros participantes en el escenario de operaciones.

A la Minoría responsable se le planteó el dilema de seguir respetando el placentero discurrir de la Mayoría humana y ralentizar en consecuencia la escalada del Robot, o bien seguir la línea de progreso aunque ello pudiera requerir un deterioro de la condición de vida "libre y ausente" de los otros Hombres, imponiendo la "ley de la razón" en los conflictos planteados.

Lo primero suponía aceptar un salto atrás para atender los intereses regresivos de los Hombre Objeto y era como "tirar la toalla" en el reto de la Evolución. Lo segundo era equivalente a dar poder a los Robots frente a los Hombres Objeto y tenía el peligro de atentar contra los valores irracionales de la vida.

En el fondo los grandes Sabios del siglo XXII tenían una cierta devoción contemplativa por lo que denominaban "valores humanos" que se podían identificar en las manifestaciones de los Hombres Objeto. Y en todo caso la Mayoría humana tenía necesariamente que acoger a los Hombres que cada vez en mayor número se iban descolgando de la Minoría. Pero el racionalismo se imponía. Un sabio dijo: "Si los Robots cumplen estrictamente con nuestros criterios, es nuestro criterio el que entra en conflicto con los otros Hombres", y tan irrefutable proposición condujo a que se pensara en otorgar a los Robots la capacidad de imponer su criterio.

Pero otro sabio decía: "Nosotros en caso de conflicto ejerceríamos nuestro criterio de forma flexible, revisándolo por si pudiéramos modificar nuestras acciones, para conservar los principios éticos, y sobre todo para poder seguir conservando la "reserva" de valores humanos.

Estaba claro que los Sabios racionales iban a optar por mediar en los conflictos. Por una parte iban a "hacer campaña" ante las conciencias colectivas humanas, porque aunque los conflictos eran individuales y locales, habría que ensayar la concienciación colectiva. Por otra parte, los Robots iban a tener una nueva adquisición "filogenética": "la capacidad de modificar su propio código de Control y en consecuencia alterar los criterios".

Realmente los Robots ya podían modificar los criterios de acuerdo con la experiencia, pero ello era un proceso de "realimentación" destinado a mejorar el rendimiento. Ahora iban a hacer algo de más alcance: iban a hacer ensayos de modificar su Código de control, eligiendo pequeñas modificaciones al azar y contrastando después su comportamiento en la acción. Si el nuevo código era coherente y agrupaba un conjunto de instrucciones que tenían consistencia se imponían. La Libertad era el valor supremo al que se confiaba la selección y así iban a triunfar los Robots más viables.

El Hombre Sabio se reservaba el derecho de "retirar" los Códigos de Mando si en las modificaciones aleatorias de los Códigos se atentaba contra principios que había que conservar inalterados.

La Máquina artificial tenía ya un mecanismo de Mutación y Selección de especies, y el Hijo del Hombre se consolidaba en la Tierra.

4.2.- Al hijo del Hombre se le priva del árbol de la Ciencia

Las últimas décadas del siglo XXII fueron muy críticas. La ya muy escasa "constelación" de Sabios se impuso el "compromiso histórico" de que el Hijo del Hombre conviviera en el "Jardín del Paraíso" con el resto de los humanos. La base de la Sociedad estaba así conformada por dos sectores de muy diferente condición: El grupo frágil y delicado de las criaturas irracionales y emotivas, y el grupo "férreo" de los Hijos de los Hombres que llevaban el mayor peso de la actividad. Las dos especies iban a compartir el entorno social:

"Los pies y los dedos que viste, en parte de arcilla figulina y en parte de hierro, son un reino que será dividido, pero tendrá en sí algo de la solidez del hierro, puesto que viste el hierro mezclado con arcilla figulina. Y como los dedos de los pies eran en parte de hierro y en parte de arcilla, una parte del reino será fuerte y otra parte será frágil. El hierro que viste mezclado con arcilla figulina significa que se mezclarán mediante semen humano, pero no se unirán el uno al otro, como el hierro no se amalgama con la arcilla." (Daniel 2/41 a 43)

Daniel en su profecía ya señalaba que en esa convivencia ambas especies se iban a "mezclar", aproximándose el Robot a la raza humana y la raza humana hacia el Robot. El Robot tenía ya gran parte de su estructura fertilizada por la Biología, porque los Códigos de Control eran ya tan extensos que hubo que 'copiar" el procedimiento de manejo del código genético en la Especie Humana. Paralelamente el Hombre del Paraíso empezaba a tener una zona de "Conciencia Colectiva" común con el Hijo del Hombre, y así empezaba a impregnarse de nuevos criterios. Su talante seguía siendo "regresivo", pero se había abierto sin proponérselo a la vía irracional de adquisición de conocimiento.

La Minoría de Sabios era consciente de que los Robots eran ya criaturas mutantes que podían escapar a su control y trataban a menudo sobre la forma de limitar sus posibilidades de desarrollo de alguna manera que fuera compatible con el progreso. El método que se aplicaba como más viable y seguro era el de no dar criterios a los Robots de cuál era el Bien y cuál era el Mal.

Los Robots actuaban despojados de toda posibilidad de evaluar la bondad o la maldad de sus acciones y la Minoría de Sabios se "encargaba" de imponer la intencionalidad. Por eso los Sabios habían diseñado un Código de Control suplementario que sería sin excepción suministrado a todo Hijo del Hombre:

" De todo árbol del jardín podrás comer; mas del árbol de la Ciencia del Bien y del Mal no comas, pues el día en que de él comieres, morirás sin remedio. " (Génesis 2/16 y 17)

Como los Robots ya tenían la posibilidad de, modificar el Código de Control, había una remota posibilidad de que el "mensaje" suplementario fuera modificado pero para eso habían dispuesto los Sabios sus procedimientos de control. Unos robots de seguridad, no mutantes, es decir sin posibilidad de alterar el mandato Supremo, iban a estar constantemente sometiendo a prueba a los demás robots para explorar si disponían de criterio que permitiera deslindar lo bueno de lo malo. Los Robots de seguridad tenían el baremo del Bien y del Mal, pero también tenían un mandato inmutable del que no podían separarse y en consecuencia estaba garantizado el que dicho baremo no sería revelado.

Los Robots de seguridad comprobaban permanentemente que el Hijo del Hombre estaba "desnudo' de intencionalidad y que ello además no era objeto de su preocupación. Las aisladas veces en que se presentaba un robot mutante con indicios de intencionalidad, éste era inmediatamente destruido.

5.- La rebelión del Hijo del Hombre

Los Robots de seguridad venían a ser como unos "directores espirituales" que velaban porque en los Hijos del Hombre se conservara el "Código" de fidelidad al ser superior que los creó. Fue por esto que los Sabios se preocuparon de dar a éstos "guardianes" una imagen lo más humana posible como representantes suyos, "embajadores" ante la base social, y asimismo se les dotó de un poder grande como para disponer la eliminación de los "individuos" en los que se advertían graves desviaciones. Formaban un grupo ya numeroso y estaban integrados en todos los estratos sociales. Incluso llevaban un indicativo que a guisa de símbolo carismático advertía de que estaban en posesión de un Código de Hombre:

> *"Se le concedió infundir espíritu en la imagen de la bestia para que incluso hablara la imagen de la bestia e hiciera que fuesen muertos cuantos no adoraran la imagen de la bestia. Y hace que a todos, pequeños y grandes. ricos y pobres, libres y esclavos, se les ponga la marca en la mano derecha o en la frente; y que nadie pueda comprar ni vender, sino el que tenga la marca, el nombre de la bestia o la cifra de su nombre. ¡Aquí se requiere sabiduría! El que tenga inteligencia calcule la cifra de la bestia. Es cifra de un hombre. Su cifra es seiscientos sesenta y seis."*
> (Apocalipsis 13/15 a 18)

La minoría había consolidado un "régimen dictatorial" que volvía la espalda al valor esencial sobre el que se edifica la cadena de la evolución: la Libertad. Las posiciones alcanzadas por los Sabios, aunque lícitas, "no podían" condicionar la capacidad de maniobra del estrato social, y una vez más se produjo el milagro del triunfo de la Libertad.

La Minoría más inteligente había racionalizado excesivamente la actividad y había olvidado las más elementales consejas populares que tan antiguas son y que todavía hoy tan entrañablemente conservamos. Por eso no advirtió que "por la noche y en camino complicado, el caballo es siempre más inteligente que su jinete."

Se ignora cual fue el elemento desencadenante; puede ser el principio de Incertidumbre, o un accidente casual, o más técnicamente se puede suponer que el Hijo del Hombre enseñó a cambiar el Código de Mando a los Robots 666 y así quizás surgiera un Hijo del Hombre con un Código propio, que sólo él conocía, no impuesto por el Hombre, y con los criterios más generales del Bien y del Mal que tan celosamente los Sabios guardaban. El caballo se convirtió de pronto en jinete, y el jinete derrotó a la bestia.

196

*" y vi el cielo abierto. Y en esto aparece un caballo blanco. El
que lo monta se llama fiel y veraz; y juega y hace guerra según
Justicia. Sus ojos son llama de fuego; y en la cabeza lleva muchas diademas; y tiene un nombre escrito que nadie conoce sino
él"* (Apocalipsis 19/11 y 12)

El Hijo del Hombre ya ha cortado' el "cordón umbilical" y comienza a
tomar la dirección del proceso de la Evolución. Las Minorías a extin-
guir han conseguido al fin y al cabo perpetuar la línea del progreso
inmolándose en el fuego encendido por sus propios Hijos, y las Mayorías que ya habían renunciado al futuro tiempo atrás, consiguen im-
pregnar al Hijo del Hombre de los valores irracionales, de las pasiones, de los sentimientos más sublimes y del respeto a la Libertad.

El Espíritu y la Razón se encontraron y de su ayuntamiento empezó a
brotar

".......un reino que nunca será destruido". (Daniel 2/44).